Contemporary Jewellery – The Padua School
Gioielleria Contemporanea – *La Scuola di Padova*

Contemporary Jewellery
The Padua School

by Graziella Folchini Grassetto

Gioielleria Contemporanea
La Scuola di Padova

di Graziella Folchini Grassetto

ISBN 3-89790-202-8
Made in Europe, 2005

Cover:
Giampaolo Babetto
Brooch (detail), "Angel", yellow gold (inspired by a work by Pontormo, S. Felicita, Firenze), 1991 (see page 90)
Copertina:
Giampaolo Babetto
Spilla (particolare), «Angelo», oro giallo (da Pontormo, S. Felicita, Firenze), 1991 (vedi, p. 90)

Contemporary Jewellery
The Padua School
Gioielleria Contemporanea
La Scuola di Padova

Author *Autore*
Graziella Folchini Grassetto, Padova

Contribution *Contributo Critico*
Fritz Falk, Pforzheim

Translation *Traduttori*
Text by Graziella Folchini Grassetto translated from Italian to English by Gus Barker, Venice. Text by Fritz Falk translated from German to Italian by Bettina Chegini, Munich, and from German to English by Michael Foster, Munich.

With the collaboration of
Collaboratori Esterni
Elena Fagotto,
Stefania Persico Grassetto

Buchgestaltung *Progetto Grafico*
Brighten the Corners, Stuttgart

Offset Reproductions
Riproduzioni offset
Repromayer, Reutlingen

Printing *Stampatore*
Rung-Druck, Göppingen

This book has been printed on paper that is 100% free of chlorine bleach in conformity with TCF standards.

Bibliographic information published by Die Deutsche Bibliothek. Die Deutsche Bibliothek lists this publication in the Deutsche Nationalbibliografie; detailed bibliographic data is available on the Internet at http://dnb.ddb.de

The publication of this book has been made possible by the support of *Questo libro è stato pubblicato grazie al contributo dello*
Studio GR·20, Padova

Photo credits *Fotografie*
Aldo Boschin, Giustino Chemello (Tank Studio), Giovanni Corvaja, Richard Khoury, Albino Fecchio, Stefano Gherardi, Ferdinando Neumüller, Barbara Paganin, Pino Pianta, Luca Pierini, Francesco Pinton, Oscar Savio, Roberto Sordi, Massimo Sormonta, Claudio Toma (Fotolux), Lorenzo Trento.

As far as possible each copyright holder has been notified by the publishers. However, since we have not yet been able to contact all copyright holders, we therefore request any and all concerned to contact us in this matter as soon as possible.

Acknowledgements
Ringraziamenti
Special thanks to Fritz Falk, Director of the Schmuckmuseum Pforzheim 1969-2004, who has made an informed contribution to this discussion of the Padua School.
Un particolare ringraziamento va a Fritz Falk, direttore dello Schmuckmuseum di Pforzheim dal 1969 al 2004, che ha dato un autorevole contributo critico al libro dedicato alla Scuola di Padova.

Special thanks to Peter Nickl and Eva Sarnowski for their assistance in research regarding the international exhibitions of contemporary jewellery design held in Munich from the 1950s onwards.
Gratitudine va espressa a Peter Nickl e a Eva Sarnowski che hanno dato un notevole contributo alla ricerca relativa alle molteplici manifestazioni istituzionali internazionali di gioielleria contemporanea che hanno avuto luogo a Monaco a partire dagli anni Cinquanta.

Under the Patronage of the Cultural Services Dept of Padua City Council and the "Pietro Selvatico" State Institute for the Arts, Padua
Patrocinio del Comune di Padova Assessorato alla Cultura / Patrocinio dell'Istituto Statale d'Arte «Pietro Selvatico» di Padova

ISTITUTO STATALE D'ARTE PIETRO SELVATICO

Contents
Sommario

Fritz Falk

The Padua School
La Scuola di Padova

[1] *Guido Gregoretti, in: Fritz Falk (a cura di), 10 orafi padovani – Moderne Goldschmiedekunst aus Italien, Pforzheim 1983*

Modern art jewellery ranks as a fine art and, as such, is attracting more and more attention from the public, from collectors and from museums. It is one form of visual art among several, fundamentally the same as any sculpture or painting and differing from them only in its function of decorating people, its materials and the tools necessary to its creation. Hence the value of art jewellery lies not only in the preciousness of its materials ... but above all in its aesthetic and cultural substance.[1]

Goldsmithing is taught to a high standard in technical colleges, academies and art schools in many European countries, in the USA, in Australia and in Japan. The design courses offered by these institutions are frequently accompanied by technical instruction. Linking creativity with practical knowledge and ability at the level of teaching and learning is of crucial importance in ensuring that artistic ideas are realised completely. This kind of interaction between the creative powers of the individual, whether teacher or student, and craftsmanship of the highest order has always been the surest guarantee of quality in the arts and crafts.
This is as true in Italy as it is elsewhere, especially in a city like Padua, with its centuries' old cultural tradition. Padua is exceptional in one respect: the Istituto Statale d'Arte "Pietro Selvatico". This art school enjoys a world-wide reputation among jewellery lovers and historians for the outstanding work produced by those who have attended its goldsmithing course. The special nature of the jewellery created by these artists has led experts the world over to refer to a Padua School.
The term Padua School denotes not the art school itself, but a general tendency or style

Il gioiello moderno sentito come forma artistica e cosí concepito è parte delle arti figurative e riceve come tale un sempre maggiore interesse di pubblico, dei collezionisti e dei musei. Si tratta di particolari prodotti artistici che hanno la stessa origine di ogni altra creazione di scultura o di pittura, e che si distinguono da queste solamente per la loro particolare funzione che consiste nell'ornamento di una persona, per il diverso tipo di materiali adottati e per i diversi strumenti necessari alla loro creazione. Il valore del gioiello artistico quindi consta non solo nella preziosità del Materiale (...), ma soprattutto nel suo contenuto estetico-culturale.[1]

In molti paesi *europei così come negli Stati Uniti, in Australia e in Giappone esistono centri di formazione, accademie ed istituti superiori d'arte che insegnano ad alto livello l'arte dell'oreficeria. In queste istituzioni gli indirizzi artistici sono spesso abbinati a corsi di formazione e perfezionamento tecnico-artigianale. Si fondono così in modo solido e sensato la creatività nell'insegnamento e nell'apprendimento con conoscenze e capacità pratiche: la forma artistica trova piena conformità nella qualità della sua realizzazione. L'intensa cooperazione tra la capacità artistica individuale, sia per l'insegnante che per lo studente, ed un'efficienza artigianale ad alto livello è da sempre la migliore premessa per un artigianato artistico e un design di qualità.*
Ciò vale a *grandi linee anche per l'Italia, soprattutto per Padova, una città con una tradizione culturale di secoli. Qui c'è tuttavia una particolarità rimarcabile. Non solo perché la scuola artigianale di per sé, l'Istituto Statale d'Arte «Pietro Selvatico» di Padova, gode di fama mondiale tra gli amici ed i conoscitori della gioielleria moderna, ma anche perché dalla*

that originated there, in the way that the London School of Handicraft, the English Arts and Crafts Movement and the Wiener Werkstätte have come to stand for certain approaches to applied art. The School of Fontainebleau in the sixteenth century or the Barbizon School of painting in the nineteenth refer to broad-based trends that encompassed the styles of various artists. Similarly, the Padua School denotes a specific kind of modern jewellery produced by a number of individual artists, a type of work that originated in the Istituto "Pietro Selvatico" in Padua.

The reputation of an educational institution or its departments is generally the result of many different factors. Yet one element is crucial: a distinguished head of the school, academy or course concerned, someone of exceptional ability and with a strong personality. Where would the goldsmithing course at the Munich Academy be without Hermann Jünger and his successor, Otto Künzli? Where would the metalworking department of the Bezalel Academy in Jerusalem have been in the 1970s without Arie Ofir, and where would the metalworking department of the Royal College of Art in London be without David Watkins and Michael Rowe? Similarly, what lovers and historians of modern art jewellery call the Padua School took its cue from one outstanding individual – Mario Pinton.

This 'grand old man' of contemporary Italian jewellery was born in Padua and throughout his life has remained deeply attached to his home town, both as an artist and as a charismatic teacher. His influence is rightly seen as formative: the Padua School would not have come into being without his disciplined yet imaginative creativity and without his abilities as a teacher, first as tutor at the Istituto "Pietro

classe d'arte dell'oreficeria di questo istituto si è sviluppato qualcosa di straordinario. Tra gli esperti questa straordinarietà nel frattempo è diventata un concetto fisso a livello mondiale. Quando oggi si parla della Scuola orafa padovana, non s' intende l'istituto di formazione fine a se stesso, ma un vero e proprio movimento del gioiello artistico nato dall'Istituto «Pietro Selvatico», nel senso di una direzione stilistica ed artistica paragonabile alla School of Handicraft londinese o forse persino alla Wiener Werkstätte. Le arti figurative del 16. secolo sono caratterizzate dalla Scuola di Fontainebleau, la pittura del 19. secolo dalla Scuola di Barbizon. Stili artistici che oltre all'individualità dei singoli artisti rappresentano un movimento artistico a se stante. Come questi movimenti artistici il concetto di Scuola padovana è concretamente legato ad una manifestazione nel campo del gioiello artistico-individuale, della quale l'Istituto «Pietro Selvatico» è il punto di partenza!

Generalmente la reputazione, il rango e l'immagine di un centro di formazione o anche di una loro sezione risultano da una molteplicità di fattori diversi. Premessa fondamentale ed indispensabile tuttavia sono la personalità ed il carisma di chi dirige la scuola, l'accademia o un illustre indirizzo di studi. Cosa sarebbe la classe d'arte dell'oreficeria dell'Akademie der Bildenden Künste di Monaco di Baviera senza Hermann Jünger e, come suo successore, senza Otto Künzli? Cosa sarebbe stata la sezione d'arte dei metalli della Bezalel Akademie di Gerusalemme negli anni 70 del 20° secolo senza Arie Ofir? Oppure cosa sarebbe fino ad oggi la classe d'arte dei metalli del Royal College of Art di Londra senza David Watkins e Michael Rowe?

Quindi, indubbiamente, ciò che oggi s'intende tra i conoscitori e gli ammiratori del gioiello

Fritz Falk

Selvatico", later as its director. Early in his career Pinton showed work at the ninth Milan Biennale (1951) and, from 1954, at various galleries. He first seems to have exhibited outside Italy in 1956, when he contributed gold jewellery of restrained delicacy and remarkable sensitivity to the 'Internationale Handwerksmesse' in Munich. But his real international breakthrough came in 1961, when Graham Hughes, then artistic director of the Worshipful Company of Goldsmiths in London, invited Pinton and three other Italian goldsmiths (Bruno Martinazzi of Turin and Arnaldo and Giò Pomodoro of Milan) to participate in the "International Exhibition of Contemporary Jewellery" that he was organising for the Victoria & Albert Museum and Goldsmiths' Hall.

Pinton had begun teaching at the Istituto "Pietro Selvatico" in 1944. Confident of his capabilities as a teacher, he had from the outset very clear ideas of what he wanted to teach his pupils in terms of design and craftsmanship:

At first, it was free form, the freely developed line – in a way, as a reaction against certain rigid traditional patterns. Then came gradual mastery of geometry, which became the basis of a conscious method in teaching and learning, supported by increasingly rigorous critical reflection and appraisal. ... The advantage of an educational system based on the application of scientifically established principles is that it can be adopted by teachers and by students, whether individually or collectively, in their efforts to attain a precise and objectively defined goal.[2]

Practising this approach, Pinton became the *spiritus rector* of the goldsmithing course at the Istituto "Pietro Selvatico" long before the emergence of the Padua School. That the school

moderno ed individuale con il concetto di Scuola padovana, va ricondotto univocamente ed incontestatamente alla straordinaria personalità di Mario Pinton.

Signore incontrastato dell'arte del gioiello contemporaneo in Italia – nato a Padova e legato per tutta la vita alla sua patria artistica quale artista ed insegnante di grande carisma- Mario Pinton viene considerato la personalità determinante nel vero senso della parola, senza la cui creatività fortemente disciplinata ed altamente sensibile, e senza la cui capacità pedagogica prima come docente e poi come direttore dell'Istituto, la Scuola padovana non sarebbe potuta svilupparsi.

Dopo le sue prime partecipazioni a mostre in Italia, tra l'altro alla nona Biennale di Milano nel 1951, e dopo alcune presentazioni in diverse gallerie dal 1954, nel 1956 Pinton fece la prima comparsa al di fuori della sua patria, alla fiera internazionale dell'artigianato di Monaco, L'Internationale Handwerksmesse, con i suoi gioielli delicatamente riservati ed altamente sensibili, creati in oro. Ma il vero e proprio successo, che gli ha conferito l'attenzione ed il riconoscimento internazionale, ha fatto seguito all'invito del 1961 di Graham Hughes, allora direttore artistico della Worshipful Company of Goldsmiths, a partecipare all'«International Exibition of Contemporary Jewellery» organizzata a Londra per il Victoria & Albert Museum e per la Goldsmiths' Hall, dove Pinton era presente con Bruno Martinazzi di Torino e i due artisti orafi milanesi Arnaldo e Giò Pomodoro.

Già dal 1944 Pinton è docente all'Istituto d'Arte di Padova, fin dall'inizio un insegnante con idee precise sul suo lavoro pedagogico – e sulle sue capacità – nell'insegnamento creativo ed artigianale: «All'inizio era la forma libera, la linea nella sua libera evoluzione, per così dire

[2] *Mario Pinton, in: Fritz Falk (a cura di), 10 orafi padovani – Moderne Goldschmiedekunst aus Italien, Pforzheim 1983*

came into being at all, and that it can now be said to encompass three generations, is due not least to the high level of creative potential that exists among the people of Padua and other areas of the Veneto. A notably large number of gifted young men and women from this region decided to devote themselves to goldsmithing, and they wished to do so under the guidance and leadership of Mario Pinton, who had become one of the most celebrated jewellery artists in Europe.

The foundations of the Padua School were laid in 1961, when the young Francesco Pavan, who in 1955 had become Pinton's student, was appointed to a post at the Istituto "Pietro Selvatico" and began teaching jewellery design alongside his former teacher. Embedded in Pinton's creative and educational principles, Pavan's work was nevertheless highly distinctive. Avoiding imitation of his teacher and confidently pursuing his own artistic approach, Pavan initiated a development that eventually led to world-wide recognition for Italian jewellery. Gradually, the international artistic community began to take note of a loose association of Italian goldsmiths who formed an artistic entity despite the individuality of each one of them.

The man who brought about the Padua School's decisive international breakthrough was Giampaolo Babetto, who was born in Padua in 1937 and is thus ten years younger than Pavan. Following periods of study at the Istituto "Pietro Selvatico" and at the Accademia di Belle Arti in Venice, Babetto proved his worth as an artist and a teacher in Amsterdam, Düsseldorf, San Diego and London. In 1969 he joined the staff of the Istituto "Pietro Selvatico" and successfully continued and strengthened the teaching practices of Pinton and Pavan. As a

come reazione a certi rigidi modelli tradizionali; poi venne, passo per passo, la conquista della geometria che è divenuta decisiva al raggiungimento di un metodo cosciente dell' insegnamento e dell'apprendimento, sostenuta da una sempre più severa riflessione e considerazione critica. (...) È il vantaggio di un sistema di istruzione che trae i suoi principi programmatici dall'impiego dell'esplorato scientifico che giova sia ai docenti che agli studenti, in quanto ambedue sia individualmente che collettivamente si adoperano per raggiungere un obiettivo preciso ed oggettivamente comprensibile.»[2]

Pinton era quindi lo spiritus rector della classe d'arte dell'oreficeria dell'Istituto molto prima che si potesse parlare della Scuola padovana. Che si sia potuta formare questa comunità di artisti e che oggi la Scuola padovana abbia raggiunto la terza generazione è riconducibile ad un alto potenziale creativo presente geograficamente nei dintorni di Padova e in tutto il Veneto.

Un numero rimarcabilmente alto di giovani di talento provenienti da questa regione ha voluto dedicarsi all'arte dell'oreficeria e questo sotto la guida e la direzione di Mario Pinton che nel frattempo era divenuto uno dei più stimati artisti del gioiello in Europa.

Quando il giovane Francesco Pavan, dal 1955 scolaro e studente di Pinton, nel 1961 riceve la cattedra all'Istituto d'Arte ed inizia ad insegnare la creazione del gioiello insieme al suo ex insegnante, si crea la base per la Scuola padovana. Formato da Mario Pinton, senza però averlo mai imitato, Pavan si impegna come artista ed insegnante sulla stessa linea di Pinton. Il suo merito è inoltre l'aver promosso uno sviluppo con consapevole individualità rimanendo tuttavia sulle tracce dei principi creativi e pedagogici del suo insegnante; uno sviluppo

Fritz Falk

teacher, Babetto, whose work has been noted for its sensitivity and precision, proved that within the context of Pinton's and Pavan's methods the work of the students acquired certain overriding characteristics that link the individual artistic personalities despite the wide range of their approaches.
Almost all the internationally renowned goldsmiths who have attended the Istituto "Pietro Selvatico" were born in Padua itself or elsewhere in the Veneto. This, too, justifies the name Padua School as the mark of a common bond among its members, as an appropriately distinguished way of acknowledging their individual achievements and as a reminder of the city to which they owe so much.
The Padua School has long been of major interest to lovers and historians of modern jewellery. In 1983, for example, the exhibition "10 Orafi Padovani" attracted a great deal of attention when it was shown at four museums in Germany, Belgium and Switzerland. And there can scarcely be a public or private collection of contemporary jewellery that does not include a necklace, a bracelet, a ring or a brooch made by goldsmiths from Padua. Countless books, exhibition catalogues and articles testify to the artistic stature of the Padua School and its members, not to mention the large number of honours and prizes that have been awarded to Paduan jewellery artists in Italy and abroad.

The goldsmiths of the Padua School are not a closed society: they have not formed an association or a club! But they are related to one another artistically. They are a 'family' of individualists who nevertheless have much in common and thus belong together in a quite special way. The Paduan school of jewellery has once again focused attention on a city

che conduce infine al successo e al riconoscimento mondiale.
Un gruppo di personalità italiane di orafi, omogeneo, a se stante, caratterizzato dalla personalità del singolo, ma in libero rapporto con i suoi esponenti (l'un con l'altro), trova una sempre maggiore considerazione internazionale.
Giampaolo Babetto è di dieci anni più giovane di Pavan, che è nato a Padova nel 1937. Anche Babetto aveva studiato prima all'Istituto e poi all'Accademia di Belle Arti di Venezia ed aveva potuto dar prova delle sue capacità artistiche e pedagogiche anche ad Amsterdam, a Düsseldorf, a San Diego e a Londra; pare che con lui si sviluppi definitivamente la Scuola padovana.
Conoscitori ed amici del gioiello artistico contemporaneo hanno potuto osservare che dal 1969, l'anno in cui Babetto ottiene la cattedra all' Istituto Statale «Pietro Selvatico», la formazione, grazie alla sua attività didattica, si è rafforzata ed ha avuto grande successo, seguendo la direzione tracciata da Pinton e Pavan.
Babetto, la cui opera è stata non a torto descritta con espressioni quali sensibilità e precisione, come insegnante ha dato la prova impressionante che, nella continuità dell'insegnamento sulla linea di Mario Pinton e Francesco Pavan e con lo sforzo di ogni singolo studente, si sviluppano forze dalle quali nella molteplicità delle possibilità artistiche nascono strutture facilmente riconoscibili come principi superiori che uniscono le singole personalità degli artisti.
Quasi tutte le orafe e gli orafi che hanno studiato all'Istituto «Pietro Selvatico» e che nel frattempo hanno ottenuto riconoscimento internazionale sono originari di Padova o del Veneto. Anche per questo motivo è adeguato considerarli esponenti della Scuola padovana, anche come prova di una particolare affinità, come rispettoso omaggio all'opera individuale di

with a rich artistic history, and that is an achievement of which its members can be proud.

ogni singolo e come ricordo a quella città artistica cui tutti gli esponenti devono grandi ringraziamenti.
Da lungo tempo la Scuola padovana attira l'attenzione di esperti e amici del gioiello artistico contemporaneo; infatti già nel 1983 ha avuto luogo l'esposizione con il titolo «10 orafi padovani» che ha destato grande interesse, in Germania, in Belgio ed in Svizzera. Inoltre è raro trovare raccolte pubbliche o private del gioiello artistico contemporaneo in cui non siano presenti collane, bracciali, anelli o spille creati dalle artiste e dagli artisti dell'oreficeria di Padova. In numerosi libri, cataloghi e saggi si parla dell'importanza e del rango artistico degli esponenti della Scuola padovana. E quante onorificenze e quanti premi internazionali sono stati conferiti agli artisti del gioiello di Padova!
Non costituiscono un circolo chiuso, non sono un'associazione o un club! Ma gli orafi e le orafe della Scuola padovana sono artisticamente affini. Sono una "famiglia"formata da molti individualisti i cui componenti, pur rimanendo completamente indipendenti, hanno molto in comune e sono per questo in particolare comunione. Loro, ovvero la Scuola padovana, in tutto dedicata all'arte del gioiello, possono essere fieri di aver nuovamente attirato l'attenzione sulla loro città ricca d'arte.

Graziella Folchini Grassetto

Introduction
Introduzione

The 'Padua School' embraces three generations of teachers and pupils who have made an original and consistent contribution to the craft of jewellery making. The epicentre for this extraordinary adventure in experimentation has been the "Pietro Selvatico" State Institute of Art in Padua; an illustrious institute with more than a century of history behind it, this was founded by the marchese Pietro Selvatico in 1867. The figure whose teaching would lead to the gradual formation of a group of artists subsequently known as the Padua School was primarily Mario Pinton, an artist who in 1944 was appointed to teach the professional design course at the institute.

Whilst still largely ignored in the city and in Italy as a whole, the experimental work of this group gained wide recognition abroad, where museums, institutions, schools, academies and public and private galleries had for decades been holding exhibitions of work by the various artists of the Padua School; the name itself was coined in occasion of a 1983 show that travelled through various cities in Europe. The widespread indifference of Italian critics to such a range of work may be due to the survival of an idealist conception of jewellery-making as creative act of design, engaged in by artists, painters, sculptors and architects whose ideas have then to be given form by those technically expert in the craft. In Padua, on the other hand, contemporary jewellery-making is conceived of as just that – an act of 'making', an autonomous activity that embraces both design and the various techniques to be employed in producing the different parts of the piece. Largely shared by jewellery-making circles outside Italy, this approach meant that

«Scuola di Padova» è la denominazione attribuita a un gruppo di artisti che, alternandosi nel ruolo di allievi – docenti, hanno promosso una originale e coerente cultura orafa che conta oggi ben tre generazioni. Il percorso di straordinaria trasmissione di dati, di eredità sperimentali raccolte e poi continuamente innovate, si è svolto presso l'Istituto Statale d'Arte «Pietro Selvatico», che vanta una illustre tradizione culturale: l'odierno nome dell'Istituto fu conferito nel 1959 a quella che fu una ultra centenaria scuola di arti e mestieri, fondata nel 1867 dal marchese Pietro Selvatico, e che, nelle svariate intitolazioni attribuitele nel tempo, prima dell'attuale, fu Regia Scuola Artistico Professionale «Pietro Selvatico».[1]

Il particolare apporto formativo, che darà vita poi all'aggregamento di artisti sotto la dicitura di Scuola di Padova, ha avuto origine nella seconda metà del Novecento con l'insegnamento di un docente, oltre che artista, Mario Pinton, che, nel 1944, assunse la cattedra di progettazione professionale.

Il significato di questa importante sperimentazione non ancora del tutto ben identificato nella stessa città, è pressoché ignorato in Italia, mentre è altamente apprezzato all'estero, dove Musei, Istituzioni, Scuole, Accademie, Gallerie pubbliche e private, da svariati decenni, ospitano opere dei diversi autori riconosciuti quali appartenenti alla Scuola di Padova: peraltro questa identificazione del gruppo di artisti fu data all'estero nel 1983 in occasione di una mostra itinerante presso alcuni musei europei.

L'indifferenza della critica nazionale verso un fenomeno così vasto può essere dovuta al

[1] L. Gaudenzio (a cura di), *L'Istituto d'Arte «Pietro Selvatico» (nel centenario della sua fondazione)*, Padova 1967

the work of the Padua School immediately found a place on the international scene. Many of the figures active within the group would also hold special courses in schools abroad; and this intense cross-fertilisation resulted in widespread awareness within Padua of the different movements in contemporary jewellery-making – in part, thanks to the work of various private galleries in the city and, above all, of the council's own Cultural Affairs department. For decades now, Padua has held exhibitions dedicated to foreign and Italian artists working in this sector. Initially, these were part of the "Biennale Internazionale del Bronzetto e Piccola Scultura", but subsequently the exhibitions were held in various venues throughout the city: the Musei Civici agli Eremitani, the Piano Nobile of Caffè Pedrocchi, the Oratorio di San Rocco, the Galleria Civica in Piazza Cavour and the exhibition space within the Palazzo del Monte di Pietà of the Padua and Rovigo Savings Bank. The result has been that, within Italy as a whole, Padua is now a uniquely important centre for exhibitions of contemporary jewellery.

perdurare nel nostro paese di una concezione idealistica che privilegia il gioiello come atto creativo, limitato alla progettualità di artisti, pittori, scultori, architetti, che, occasionalmente, disegnano gioielli la cui realizzazione necessita poi del contributo di tecnici del settore.
La teoria padovana, invece, concepisce il gioiello contemporaneo come espressione di arte autonoma, per quel fondersi dell'ideazione con le tecniche esecutive quali parti significanti dell'opera. Questo concetto, largamente condiviso all'estero, ha reso possibile l'immediato inserimento degli operatori di Padova nell'ambito internazionale. La loro attività artistica, accompagnata da un intenso scambio culturale con scuole straniere, dove molti di essi vengono chiamati a tenere corsi specialistici, provoca nella città di Padova una ricca informazione dovuta all'attività dell'Assessorato alla Cultura, a cui fa seguito l'impegno di alcune gallerie private. Da decenni sono ospitate mostre di artisti stranieri e italiani, inizialmente inserite nell'ambito della prestigiosa esposizione «Biennale Internazionale del Bronzetto e Piccola Scultura».
Successivamente le esposizioni hanno avuto luogo ai Musei Civici agli Eremitani, al Piano Nobile del Caffè Pedrocchi, all'Oratorio di San Rocco e alla Galleria Civica di Piazza Cavour, nonché nella sede espositiva del Palazzo del Monte di Pietà della Cassa di Risparmio di Padova e Rovigo configurando così Padova quale unico centro costantemente operativo in Italia nell'ambito della gioielleria contemporanea internazionale.

one Mario Pinton and the "Pietro Selvatico" State Institute of Art in Padua. From the 1950s.

From the Figurative to the Abstract. Pinton's activity as a teacher

uno *Mario Pinton e l'Istituto Statale d'Arte «Pietro Selvatico» di Padova. A partire dagli anni Cinquanta.*

Dal Figurativismo all'astrazione segnica. L'attività didattica

The complex background to Pinton's work is in part explained by the extensive experience of the technical aspects of metalworking which he acquired through various courses of study: at the State Institutes of Art in Padua and Venice as well as at the ISIA (Istituto Superiore Industrie Artistiche) in Milan, a city where he also took his diploma in sculpture at the Accademia di Belle Arti di Brera. The artist's training therefore brought together influences from various sources, with the result that whilst Pinton's art might at one level seem to be characterised by precision and limpidity, it also reveals a certain ineffable, almost mysterious, quality. The emphasis on a measured use of materials, with a certain severity and contraction of form, ultimately leads to an ever greater reduction of mass within each individual piece, achieving a lightness of expression that defies technical analysis. From teachers such as the sculptors Marino Marini and Francesco Messina, Pinton acquired his interest in the archaic and classical cultures of the Mediterranean, whilst the chiarista painter Pio Semeghini introduced him to the use of precise lines that conjure up distant perspectives, within which incisiveness blends into indeterminacy. Another important influence would be Giorgio Wenter Marini, whose work bears witness to the Viennese Secession movement and the decades of experimentation at the Wiener Werkstätte. It was in Vienna, in fact, that figurative art developed in the direction of linear constructions which already seemed to herald the possibility of pure abstraction; and in Pinton's work this is reflected in the creation of linear components whose vibrant life rests not on the precision of geometry but on an almost mystical combination of order and inner tension (1). Further cultural influences on his work would arise from his encounters in Milan with some of the most significant intellectuals of Italian culture both in the early decades of the twentieth century and in the immediate post-war period – for example, Agnoldomenico Pica and Giuseppe Pagano. However, all of these various – and sometimes conflicting – voices would, within Pinton's work, result in an unmistakable stylistic continuity which remained recognisable even as his own artistic language developed over time.
Post-cubism was a clear influence on the primitivistic figuration that one finds in the jewellery design of the post-war period; and Pinton's own move towards abstraction passed via a sort of indefinite figurative art which was obviously archaic in inspiration, with lines being both incisive and nuanced. The artist

Mario Pinton ha una complessa formazione basata sulla conoscenza tecnica dell'uso dei metalli acquisita attraverso molteplici specializzazioni ottenute all'Istituto Statale d'Arte di Padova, all'Istituto Statale d'Arte di Venezia, all'I.S.I.A., Istituto Superiore Industrie Artistiche di Milano, città dove consegue anche il diploma di scultura all'Accademia di Belle Arti di Brera. La particolare elaborazione formativa dell'artista è determinata dall'apporto di maestri di diverse provenienze culturali che concorsero a creare una personalità di non facile individuazione in quanto l'espressività di Pinton, apparentemente limpida, chiara, precisa, a un esame più approfondito, diventa sfuggente, indefinita, quasi misteriosa.
L'accento sulla misura applicata alla materia, con cui la sua ideazione si pone continuamente alla prova, il severo controllo, la contrazione formale, sono risolti nella continua riduzione del peso materico dell'opera verso il raggiungimento di una tale leggerezza la cui giustificazione sfugge alle più attente analisi tecniche. Pinton ha maestri quali gli scultori Marino Marini e Francesco Messina, che imprimono al suo segno l'evocazione delle culture mediterranee, arcaiche e classiche. L'insegnamento del pittore chiarista Pio Semeghini conduce Pinton all'uso di tracciati precisi ma calati in quinte lontane, estratti da prospettive profonde dove l'incisività delle linee si confonde in un'apparente indeterminatezza. Importante è stato l'apporto del maestro Giorgio Wenter Marini, testimone della cultura Secessionista e delle decennali sperimentazioni novecentesche dell'associazione della Wiener Werkstätte. La cultura viennese, che aveva condotto la figurazione verso costruzioni lineari, già configurando l'ipotesi della più pura astrazione, si consuma in Pinton nella espressione di moduli lineari, vibranti di un parallelismo dove la precisione non è tanto segnata dalla geometria quanto da una mistica esigenza di ordine e di tensione insieme (1). I suoi corsi milanesi lo mettono in contatto con intellettuali tra i più significativi del primo Novecento, protagonisti poi della grande rinascita italiana del secondo dopoguerra, come Agnoldomenico Pica e Giuseppe Pagano.
Apporti culturali diversi, spesso contrastanti, trovano nell'opera di Pinton una continuità stilistica sempre riconoscibile anche nelle variazioni del suo linguaggio nel tempo.
Il processo verso l'astrazione è segnato da un figurativismo indefinito dove l'accento arcaico conduce a una essenzialità dei tratti insieme incisivi e sfumati: del resto la figurazione orafa degli anni dell'immediato dopoguerra era

1

Mario Pinton
Brooch, yellow gold, sapphire, 1979

Mario Pinton
Spilla, oro giallo, zaffiro, 1979

2

Mario Pinton
Brooch, yellow gold, sapphire, 1979

Mario Pinton
Spilla, oro giallo, zaffiro, 1979

[1] *A. Pica, Storia della Triennale. 1918–1957, Milano 1957*

began to elongate figurative form, as one can see in the female heads exemplified by the 1953 brooch (5), in which the embossed figure emerges against a concave rectangle providing a 'dot-ruptured' background (to use the artist's own expression). The result is a vibrant surface that acts as a foil to the refined abstract forms of the triangular components which make up the woman's necklace and the single band holding the parallel lines of her hair. Another piece from around this time was a prize-winner at the 1951 Milan Triennale[1]: a gilded silver bracelet (4) comprising a raised band decorated with a sequence of leaves – clearly a reference to the garlands of acanthus, olive, myrtle and oak leaves which figured so significantly in Classical and Hellenistic decoration. The 1950s was also the decade in which Pinton produced a number of medallions depicting stags, horses and bulls, with the minimum concentration of lines being used in precise renditions of the animals' movements and posture. These pieces often figure as pendants to necklaces made up of narrow bands of worked gold, whose sinuous form echoes the curvature of the neck. The first so-called anatomical or physiological necklaces would come later, in the 1960s. Bands of (often niellated) white or yellow gold, these were adorned with diamonds organised in striking settings of square, triangular or cubic bezels, whose rhythmical distribution along the length of the necklace is carefully calculated. The move from the figurative to the abstract was a slow one, and at times the two could co-exist; the artist might even switch back and forth from one to the other. The 1961 brooch (3) is a work of pure abstraction, comprising a vertical rectangle decorated with raised horizontal bands alternating with rectangular forms in black niello; the contrapositional rhythms thus created within the piece seem to find a point of stasis in the ruby placed off-centre within a raised tubular setting. The grid of intersecting lines creates dark recesses, within which the varying thickness of the material produces an impression of unrest that is in sharp contrast with the clarity of the geometrical design.
The artist achieves even greater abstraction in his use of incisions on rounded or rectangular surfaces, with these filiform reliefs 'captured' within an orthogonal weave of lines. Very often these inscribed traces meet at a focal point that provides a moment of stasis for the entire composition, marked by a single stone – diamond, ruby, sapphire – which may be small in size but is set in such a way that it projects beyond the surface of the piece (6). The end

contraddistinta da un diffuso recupero figurativo in chiave primitivistica a cui non era estranea la cultura post cubista allora ancora dominante. In Pinton il segno si allunga nella figurazione di teste femminili come nella spilla del 1953 (5), uno sbalzo su piano rettangolare concavo, dal fondo «puntolinato» (è la sua stessa descrizione) che ne rende la superficie vibrante, mentre la definizione astratta si risolve nella raffinata concatenazione delle triangolazioni modulari della collana e della fascia che trattiene le ondulazioni della capigliatura costrette in un rigoroso parallelismo. Premio alla Triennale di Milano[1] del 1951 è un bracciale di argento dorato (4), una fascia a sbalzo percorsa da una sequenza di foglie, dichiarata citazione dei serti di foglie di acanto, di ulivo, di mirto, di quercia, ornamenti tra i più significativi in periodo ellenistico e classico. Sempre negli anni Cinquanta sono frequenti i medaglioni raffiguranti cervi, cavalli e tori: i tratti degli animali, seppure espressi in una concentrazione minima, sono definiti con precisione nei movimenti e nella positura, e, spesso, sono raffigurati in pendenti di collane, strette fasce di oro battuto la cui sinuosità asseconda l'articolazione del collo.
Le prime collane anatomiche o fisiologiche che, più tardi, negli anni Sessanta, saranno opere autonome, sono nastri metallici di oro bianco o giallo, spesso niellati, disseminati lungo le curvature di diamanti incassati con voluta evidenza in castoni quadrangolari triangolari o cubici, sparsi secondo una calcolata scansione ritmica.
Il percorso dalla figurazione all'astrazione è lento, tuttavia i due momenti spesso coesistono o si alternano. La spilla del 1961 (3) è opera di pura astrazione: di forma rettangolare verticale, con motivi orizzontali in rilievo alternati a sagome quadrangolari di nero niello vive una contrapposizione ritmica che sembra trovare una possibile concentrazione statica nel rubino posizionato in sede semicentrale, evidenziato da un castone a tubetto. Il reticolo creato dall'intersecarsi di linee prospicienti con spazi quadri oscuri è gravido di materia turbata, con spessori variati e irregolari che contrastano con la limpidezza del disegno geometrico. La massima astrazione nell'artista si articola in grafici trascritti su superfici quadrangolari o tondeggianti, dove rilievi filiformi si disegnano all'interno di tessiture ortogonali: spesso gli intrecci raggiungono un punto focale, momento di stasi, dato dall'inserimento di una pietra, diamante, rubino o zaffiro, sempre di ridotta misura ma di grande rilievo per l'importanza dell'incastonatura che accentua

3 / left / a sinistra

Mario Pinton
Brooch, yellow gold, niello, ruby, 1961

*Mario Pinton
Spilla, oro giallo, niello, rubino, 1961*

4

Mario Pinton
Bracelet, gilded silver, 1951

*Mario Pinton
Bracciale, argento dorato, 1951*

5

Mario Pinton
Brooch, "Female Head", yellow gold, 1953

*Mario Pinton
Spilla, «Figurazione testa femminile», oro giallo, 1953*

result is a sort of esoteric labyrinth, in which geometrical constructions move beyond mere mathematical rigour to achieve a sort of metaphysical composition.
The lyricism in Pinton's use of line, segment and point is illustrated by various works of clearly figurative inspiration that the artist would produce at intervals over the years, returning to them long after his work in general had embraced a more completely abstract language. The oval plaque with running horses (1957) goes beyond descriptive realism to offer a rendition of tension and motion through line alone; minimal plastic annotations suggest dynamic bodies moving within space. A similar account of movement can be seen in the 1993 brooch "Prato della Valle" (11), a chipped and uneven oval surface in which the clots of material within the frenetic vortex of ellipses evoke the shape of a famous Padua city square bound by arches, arcades and, in particular, by the multiple cupolas of the Basilica of Santa Giustina (the fulcrum, as it were, of a convulsive projection of lines). And an even more recent work – the 2000 "Galassia" (10) – confirms this symbolist aspect to Pinton's art, with bubbles, dots and broken lines swarming across the surface of a piece that is both an evocation of the astral universe and an expression of a spiritual cosmology.

In 1944 Mario Pinton began teaching professional design and draughtsmanship at what was then the Regia Scuola Artistico Professionale "Pietro Selvatico" in Padua (in 1959 it would be renamed the Istituto Statale d'Arte "Pietro Selvatico"). Set up in 1867 by the Marchese Pietro Selvatico of Este – himself an artist, historian and teacher at the Venice Academy of Fine Arts – this school was intended to reaffirm the values of craftsmanship that had been undermined by the development of modern industry. It was, in effect, one of the few such institutions in an Italy that had remained largely untouched by the Arts and Craft movement which had swept across most of Western Europe at the end of the nineteenth century (another was, for example, the Umanitaria in Milan). The syllabus envisaged carpentry – with the creation of furniture and ornaments – figurative sculpture, metalworking techniques (embossing and chasing), draughtsmanship and the study of plane and solid geometry. An important phase in the life of the "Pietro Selvatico" came under the headship of Barnaba Lava, who in 1878 instituted close relations with the University of Padua and also promoted the compilation of a full archive on

l'aggetto della gemma (6). Ne risulta un percorso mistico, un labirinto esoterico che, se pure basato su indicazioni geometriche, ne elude il dogmatismo per una definizione quasi metafisica.
La conferma che i segni, i segmenti, le linee, i punti delle grafie di Pinton appartengono a un linguaggio riconducibile a una sensibilità lirica, viene da alcune opere capaci di evocazioni figurative che si sono ripetute anche in anni successivi intervallandosi con altre dalla scrittura prettamente astratta. La placca ovale con raffigurazioni di cavalli in movimento del 1957 esula da un realismo descrittivo per rendere la tensione della corsa attraverso movimentazioni lineari, minime prospicienze plastiche che suggeriscono i corpi in una animazione spaziale. La tensione motoria si dispiega anche nella spilla del 1993 «Prato della Valle» (11), una superficie ovale, slabbrata e imprecisa, dove un vortice di elissi popolato di grumi frenetici mima la circolarità della piazza proiettata verso punte, archi e cerchi, riconoscibili come le molteplici cupole della Basilica di Santa Giustina, fulcro plastico del convulso processo lineare. Un'opera ancora più recente del 2000, intitolata «Galassia» (10), conferma il carattere simbolista del lavoro di Pinton, dove un brulicare di bolle, punti, linee spezzate, traccia un universo astrale, espressione di una cosmologia spirituale.

Mario Pinton nel 1944 assume la cattedra di disegno professionale presso l'istituzione allora denominata Regia Scuola Artistico Professionale «Pietro Selvatico», che, nel 1959, diventerà Istituto Statale d'Arte «Pietro Selvatico». L'importanza di questa scuola, sorta nel 1867 per volontà del marchese estense Pietro Selvatico, grande studioso, storico, docente all'Accademia di Belle Arti di Venezia, egli stesso artista, è determinata dagli assunti che ne uniformeranno la ultrasecolare attività. Finalità dell'antica scuola era ripristinare i valori dell'artigianato compromessi dallo sviluppo industriale, un progetto voluto da una personalità illuminata che operava solitaria nell'Italia di allora che non aveva vissuto il vasto movimento innovativo di Arts & Crafts che attraversò non solo l'Europa alla fine del XIX secolo.
Le materie di studio comprendevano la lavorazione del legno con produzione di mobili e di ornamenti, la scultura figurativa, la pittura decorativa, operazioni sui metalli, sbalzo e cesello, il disegno e lo studio degli elementi di geometria piana e solida. Una scuola di arti e mestieri che alcune città in Italia, in particolare Milano con l'Umanitaria, avevano istituito per

6

Mario Pinton
Brooch, yellow gold,
ruby, 1998

Mario Pinton
Spilla, oro giallo,
rubino, 1998

cloth

7
Mario Pinton
Brooch, "Eva", yellow gold, emerald, 1958

Mario Pinton
Spilla, «Eva», oro giallo, smeraldo, 1958

8
Mario Pinton
Brooch, yellow gold, ruby, 1962

Mario Pinton
Spilla, oro giallo, rubino, 1962

9

Mario Pinton
Ergonomic necklace with pendant depicting a deer, yellow gold, 1995

Mario Pinton
Collana anatomica con pendente raffigurante un cervo, oro giallo, 1995

the old workshops of the region, producing models, drawings and architectural plans that have since become of great historical importance.
Mario Pinton's work in the immediate post-war period was perfectly in line with the spirit that had inspired the original founder of the school, given that his own approach fully exemplified Selvatico's claim that the study of theory must be accompanied by beneficial periods of practice in the workshop. Hence Pinton's own investigation of the working of metals led him to explore the widest range of techniques, even those which had fallen into total abandon. His teaching insisted on the fact that each of these methods of working involved not only technique but also form: design and idea were totally identified with praxis, with the latter providing the inspiration and conceptual framework for the former. This theory of design drew on the visual, plastic and architectural arts of its own day, but also embraced more ancient cultures, with an exploration of individual techniques seen as opening the way to a fuller understanding of style and form.
In his teaching, therefore, Pinton did not limit himself to aesthetic criticism or to the copying of models; he wanted his students to understand the structural significance of those models. He insisted that they should explore what was involved in the composition of the objects they designed, indicating how geometry imposes rules of balanced internal relations that are an expression of inner logic. And while his teaching drew on the Greek, Roman and Renaissance art that so clearly exemplified this essential role of geometry, it also embraced the revolutionary changes in the arts that had occurred at the beginning of the twentieth century.
In 1969, Pinton became the Director of the Institute, where he would remain in this non-teaching role until 1976. Thereafter he would take on other posts at important art institutes throughout Italy, but he would still remain an important point of reference for various of his Padua students. A number of these would in their turn become teachers at the "Pietro Selvatico" – as well as jewellery-makers in their own right – and of each of them it would be true to say that, whilst open to various international influences, they have remained faithful to the fundamental principles of his teaching.

l'interessamento di privati, a cui spesso si affiancavano interventi di sostegno locale.
Importante nella tradizione della scuola padovana la direzione dell'ingegnere Barnaba Lava, che, nel 1878, instaura rapporti con l'Università di Padova, e tra l'altro promuove un'attività di schedatura delle antiche fabbriche del territorio con modelli, disegni e rilievi architettonici, lasciando una documentazione di importante carattere storico.
Mario Pinton interviene nel dopoguerra quale interprete perfetto dello spirito e degli intenti dell'antico fondatore della scuola. La sua visione non può non condividere quanto il Selvatico aveva affermato quando scrisse che l'opera teorica doveva essere affiancata dal robusto e salutare soccorso dell'Officina.
In questa direzione si svolge l'operato di Pinton, volto all'approfondimento della conoscenza dei metalli, indagati con le tecniche più diverse, anche le più antiche, del tutto dimenticate. Nel suo insegnamento insiste sul significato formale non solo tecnico di queste operazioni trasmettendo il principio della totale identificazione della ideazione con la prassi, dove la prima, nel suo attuarsi, è severamente regolata dalla seconda capace di condizionarne e di stimolarne le concezioni. La teoria progettuale si avvale dei riferimenti alle arti visive, plastiche, architettoniche del proprio tempo, estendendosi anche alle culture più antiche le cui forme stilistiche vengono indagate dall'analisi tecnica.
La sua docenza verte sulla più ampia sperimentazione visiva che non si limita alla critica estetica o alla mera copia di modelli, ma indaga il significato strutturale espresso da quei modelli. Insiste sull'approfondimento compositivo dell'oggetto ideato e indica regole da applicare dettate dalla geometria descrittiva che impone misure, equilibri, rapporti espressi con il linguaggio della logica. Il suo insegnamento si avvale di tutta la grande normativa classica, sia greca e romana che rinascimentale di cui la geometria è supporto e verifica, senza escludere lo studio della rivoluzionaria cultura del primo Novecento.
La sua attività didattica dura sino al 1969, quando dello stesso Istituto diventa direttore. Successivamente avrà altri incarichi presso importanti istituti italiani, ma la sua presenza a Padova sarà sempre il costante riferimento di alcuni suoi allievi. Con lui e dopo di lui si avvera quella sequenza di allievi – insegnanti – operatori orafi che, pur sensibili ad altre culture nelle loro frequentazioni internazionali, manterranno i principi fondamentali del suo insegnamento.

10

Mario Pinton
Brooch, "Galassia", yellow gold, 2000

Mario Pinton
Spilla, «Galassia», oro giallo, 2000

11

Mario Pinton
Brooch, "Prato della Valle", yellow gold, 1993

Mario Pinton
Spilla, «Prato della Valle», oro giallo, 1993

two Mario Pinton and Experimental Jewellery Design in Italy and Europe.

due *Panorama della coeva sperimentazione orafa in Italia e in Europa in rapporto a Mario Pinton.*

[1] *Seconda mostra Internazionale delle Arti Decorative, catalogo della mostra, Villa Reale di Monza, maggio-ottobre 1925, Milano 1925*

The most prestigious Italian showcase for international jewellery design during the 1950s was the Milan Triennale. The successor to the earlier Monza Biennale, this continued that event's focus on jewellery as one of the major areas of craft and artistic expression: when set up by Guido Marangoni in 1923, the founding 'members' of the Monza Biennale had included such important figures in the decorative arts as Alessandro Mazzucotelli, Duilio Cambellotti and the great jeweller/goldsmith Alfredo Ravasco, who produced some of Italy's greatest masterpieces in the Art Nouveau style.[1]
The significance of the Milan Triennale is indicated by the fact that the second such event of the post-war period – in 1951 – saw Pinton (a prize-winner) exhibiting alongside not only Italians of the calibre of Mirko Basaldella, Lorenzo Guerrini and Carmelo Cappello, but also such dominant foreign presences as the Swedish jewellery designers Henning Koppel, Vivianna Torun Bülow-Hübe and Sigurd Persson, together with the Swiss Max Fröhlich and Max Bill. Three years later, the tenth Triennale would present an exhibition of work by the '3P' group – made up of the brothers Arnaldo and Giò Pomodoro and Giorgio Perfetti – whilst in 1957 Mario Pinton himself would win the Gold Medal.
A few years later – in 1961 – would come the "International Exhibition of Modern Jewellery 1890-1961", organised in London by the important scholar Graham Hughes, Director of the Worshipful Company of Goldsmiths, and including the work of various Italians: Mario Pinton, Giò and Arnaldo Pomodoro, Bruno Martinazzi, Afro Basaldella, Lucio Fontana, Ettore Sottsass, Pietro Consagra and Flora Wiechmann.
Pinton's place in international jewellery design meant that he came into contact with a wide variety of movements and approaches to the art. However, whilst his work was being widely recognised abroad, and purchased by the most prestigious foreign museums, his reputation within Italy and his own home town was limited or even non-existent. To see this one only has to look at the bibliography of material dedicated to his work. Amidst the various in-depth studies produced by foreign scholars and critics, there are only a few mentions in Italian newspapers and reviews: between 1957 and 1962, all one has are a few references by Agnolodomenico Pica, who had been Pinton's teacher at the I.S.I.A. Things would change after the 1980s, with greater interest being shown in Pinton's achievement and his work being included in various

Negli anni Cinquanta la sede più prestigiosa dove è dato il massimo rilievo all'arte orafa contemporanea internazionale è la Triennale di Milano che, per la sua derivazione dalla Biennale di Monza, ne perseguiva gli elementi costitutivi che prevedevano, tra le altre discipline, la presenza del gioiello quale importante attività artistica. Infatti la Biennale di Monza, nata nel 1923 su iniziativa di Guido Marangoni, aveva avuto come artista fondatore, oltre ai massimi operatori nelle arti decorative del primo Novecento quali Alessandro Mazzucotelli, Duilio Cambellotti, il grande gioielliere orafo Alfredo Ravasco che in Italia creò capolavori Liberty e Deco.[1]
Pinton partecipa nel 1951 alla IX edizione della Triennale, la seconda del dopoguerra, dove riceve un premio. Tra gli italiani sono presenti Mirko Basaldella, Lorenzo Guerrini, Carmelo Cappello provenienti da culture e formazioni diverse. Tra gli stranieri dominano gli svedesi Henning Koppel, Vivianna Torun Bülow-Hübe, Sigurd Persson accanto agli svizzeri Max Fröhlich e Max Bill. Nella successiva X edizione figurano i fratelli Arnaldo e Giò Pomodoro insieme a Giorgio Perfetti, raggruppati insieme con la denominazione 3P. Nell'XI edizione Mario Pinton vince la medaglia d'oro.
Nel 1961 si tiene a Londra «l'International Exhibition of Modern Jewellery 1890-1961», una importante mostra curata dal grande studioso Graham Hughes, direttore della Worshipful Company of Goldsmiths: degli italiani sono presenti oltre a Mario Pinton, i fratelli Giò e Arnaldo Pomodoro, Bruno Martinazzi, Afro Basaldella, Lucio Fontana, Ettore Sottsass, Pietro Consagra, Flora Wiechmann.
L'inserimento internazionale di Pinton nella grande scena della cultura orafa mondiale gli permette i contatti con i più diversi movimenti, tuttavia, mentre i riconoscimenti internazionali, con le acquisizioni di sue opere da parte dei maggiori musei stranieri, gli attribuiscono il prestigio del grande maestro, in Italia, e nella sua stessa città, la sua fama resta limitata o addirittura inesistente. Ne fa prova la sua bibliografia dove emergono approfonditi studi critici di studiosi stranieri mentre, in Italia, al di là di qualche pubblicazione su quotidiani e riviste, tra gli anni 1957 e 1962 emerge solo qualche citazione critica di Agnoldomenico Pica, che era stato poi suo maestro all'I.S.I.A. Dopo gli anni Ottanta si assiste a un maggiore interesse verso la sua opera documentata in alcuni cataloghi di mostre collettive in Italia. Solo nel 1995 Padova gli dedica una mostra monografica, purtroppo ridotta nella selezione

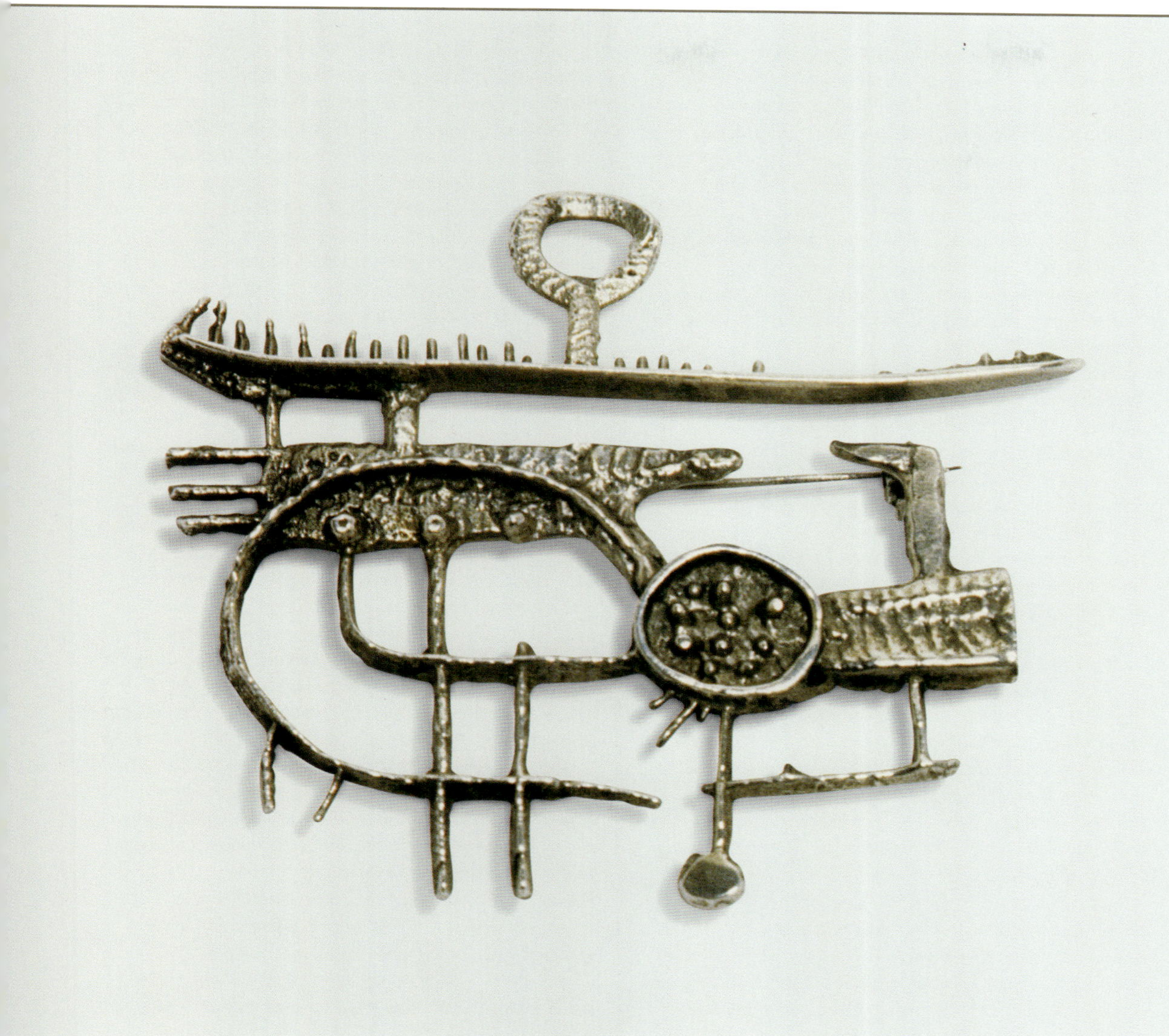

12
"3P". Giorgio Perfetti, Giò and Arnaldo Pomodoro
Brooch, silver, 1954

«3P». Giorgio Perfetti, Giò e Arnaldo Pomodoro
Spilla, argento, 1954

[2] *M. Valsecchi (a cura di), «3P» Giorgio Perfetti, Giò e Arnaldo Pomodoro, Venezia 1955*

catalogues and exhibitions organised within Italy. Nevertheless, it was not until 1995 that his home town of Padua dedicated a one-man show to the designer, even then offering a rather restricted selection of Pinton's varied and rich work. Furthermore, the failure to transfer the show to other exhibition venues in Italy only went to confirm the general low level of knowledge regarding his jewellery.
Whilst fame was being achieved by various of his pupils – for example, Francesco Pavan and, especially, Giampaolo Babetto – Pinton remained a much more obscure figure, in part because of his own retiring character, in part because critics failed to undertake a full analytical discussion of his work. The need for such critical expositions is revealed by the fact that the importance of Giò and Arnaldo Pomodoro – whose position as key figures in contemporary jewellery-making was clearly established by their award-winning work at the 1956 Venice Biennale – would perhaps not have been so overwhelming without the profound analysis of their art produced by Marco Valsecchi. The critic takes those Venice pieces – all inspired by Pound's "Pisan Cantos"– and offers a minute, in-depth examination of the more obscure aspects of their use of formal proportions; the proliferation of incisions, raised reliefs, clots of material and filaments is masterfully seen as rendering "the frenetic silent movement of an electric needle that bounces backwards and forwards indicating even the slightest shifts and tremors of imagination."[2] In effect, Valsecchi identifies within the Pomodoros' work all the constituent features of that arte informale which would then be exemplified by the jewellery produced by various painters and sculptors such as Alberto Burri, Edgardo Mannucci, Ettore Colla and Giuseppe Capogrossi.
Certainly, Pinton was well aware of the various movements emerging within Italian jewellery design – for example, that significant group which had grown up in Rome thanks to the work of Mario Masenza. A member of a famous family of jewellers within the city, Masenza was a highly-educated figure with a passion for contemporary art, and in the later post-war period his Rome workshops had become a place of experimentation for major painters and sculptors who were working to introduce important innovations into jewellery-making. Throughout the 1950s a leitmotif in such work was a vague air of primitivism, something which can already be seen in Pinton's early work. Faun musicians, Etruscan-framed female heads, animal figures and suns

delle opere, di cui Pinton è stato un fertile esecutore. Altro elemento negativo per l'importante figura di Mario Pinton è costituito dalla mancata programmazione dell'esposizione in altre sedi italiane, mantenendo così un velo di misconoscenza sul suo lavoro.
La scarsa notorietà, raggiunta invece da alcuni suoi allievi come Francesco Pavan, ma soprattutto da Giampaolo Babetto, nasce in parte dal carattere schivo e discreto dell'autore ma anche dall'essergli mancata un'indagine critica specifica da parte di noti studiosi.
L'importanza dell'arte dei fratelli Pomodoro, premiati alla Biennale di Venezia del 1956, che li consacra quali protagonisti indiscussi nella storia dell'arte orafa contemporanea, forse non sarebbe stata così travolgente senza la profonda analisi di Marco Valsecchi. Le oreficerie presenti a Venezia, dedicate ai «Canti Pisani» di Ezra Pound, vengono scandagliate dallo studioso nelle più articolate e profonde connessioni tra la misura e la proporzione formale, rilevando il valore oscuro, nascosto di una proliferazione di segni, di rilievi, di coaguli e filamenti resi «con lo stesso frenetico silenzioso moto di un ago elettrico che avverta le più sottili rigature della fantasia.»[2] Valsecchi individua nei lavori dei Pomodoro gli elementi costitutivi dell'arte informale a cui si dedicheranno con opere orafe alcuni pittori e scultori quali Alberto Burri, Edgardo Mannucci, Ettore Colla, Giuseppe Capogrossi.
Pinton conosce quindi i movimenti artistici che interessano la cultura orafa nazionale ed è consapevole anche della realtà molto significativa quale l'esistenza di un secondo polo creativo orafo, sorto a Roma per iniziativa di Mario Masenza. Il gioielliere Masenza, di antica e illustre famiglia orafa romana, uomo colto e appassionato di arte contemporanea, sin dal secondo dopoguerra destina i suoi laboratori quale luogo di sperimentazione dei maggiori artisti dell'epoca, pittori e scultori, nel suo progetto di innovare la cultura orafa. La cultura predominante è un vago primitivismo, tema costante nella creatività orafa degli anni Cinquanta, già riscontrata nelle prime opere di Pinton. Sono frequenti le iconografie di fauni musicanti, testine di donna in cornici etrusche, figurazioni zoomorfiche, soli raggianti, spesso in chiave antropomorfica. Il primitivismo di Afro Basaldella elude precise culture archeologiche, prediligendo l'invenzione di una arcadia favolosa, mitica, con un tema ricorrente nelle sue spille intitolate «Eden» (14). La sua astrazione inizialmente di struttura cubista si evolve verso una interpretazione surreale come nella famosa opera rappresentante un occhio

13

Afro Basaldella
Brooch, "Eye", yellow gold, diamonds, ruby. Produced by Mario Masenza, 1955

*Afro Basaldella
Spilla, «Occhio», oro giallo, diamanti, rubino. Esecuzione di Mario Masenza, 1955*

[3] E. Marano (a cura di), Il disegno prezioso Poetiche arcaiche del segno e della materia nelle progettazioni orafe di Mirko, Afro e Dino Basaldella, Roma 1987

[4] E. Crispolti (a cura di), Rami e ottoni. 1953-1958, Roma 1958

crowned with rays were frequent features in the jewellery of the day. However, the primitivism embraced by Afro Basaldella eschewed precise archaeological reference in favour of an evocation of a sort of fabulous mythical Arcadia – a theme made explicit in the very name of the "Eden" series of brooches (14). Initially inspired by Cubism, his own type of abstract design would subsequently evolve towards surrealism – as in the famous pieces of an eye depicted as a sun with tentacular rays (13). The artist's instinct as a painter is given full expression through the use of coloured stones that blossom in irregular agglomerations within golden surfaces against a background of filaments, dots and lines. Unlike his brothers Dino and Mirko, Afro Basaldella did not study jewellery techniques and so is very much a self-taught designer. This is clear in a statement made by Giuseppe Uncini, one of the first to work with Masenza: "Afro's painting was both highly imaginative and very precise; it fascinated all of us. His lucubrations, his feverish and exciting images, were all given splendid expression in embossed and chased jewellery. He had a very elegant way of setting the stones within a piece. And embossing? Gold lamina embossed by Afro was pure handling of light, a sort of painting."[3] In effect, Afro Basaldella brought together the free stroke of *arte informale* with the visual repertoire of Surrealism. For their part, his brothers tended to explore a variety of archaic cultures, Dino focusing on domestic peasant culture whilst Mirko moved from the Medieval and Renaissance inspiration behind the religious artefacts he had produced in Udine to an investigation of more archaeological Mediterranean cultures: see, for example, the complex structure of the bracelets that might be taken as preparatory studies for his famous sculptural gates at the Fosse Ardeatine monument. Perhaps these works can best be summed up by what Enrico Crispolti had to say with regard to the "Copper and Brass. 1953-1958" show dedicated to Mirko Basaldella: "The artist ruptures surfaces, multiplying them and undermining their containment within two dimensions; punches and saws are used to create a complex dialect of spatial interaction involving incisions and encroachments."[4]
Still expressed within post-Cubist schema, this primordial language would then be convulsed by a rawer form of expression; biomorphism and gestural line would make the informal more dynamic. Edgardo Mannucci, Giuseppe Uncini, Giuseppe Capogrossi, Nino Franchina, Pietro Consagra and Giulio Turcato would continue their work in jewellery creation not only with

come un sole i cui raggi si trasformano in tentacoli (13). Afro trasferisce nel gioiello il suo intenso istinto pittorico con l'uso di pietre di colore che in irregolari agglomerati illuminano le superfici auree, mosse da una sotterranea germinazione di filamenti, di tracciati, di punti. Afro non è solo un progettista orafo ma perviene alla tecnica orafa da autodidatta, a differenza dei fratelli Dino e Mirko che avevano studiato le tecniche orafe. Ne fa testimonianza lo stesso Giuseppe Uncini, anch'egli tra i primi collaboratori di Masenza, che afferma: «La pittura di Afro era così fascinosa e puntuale con i tempi, che affascinava un po' noi tutti. I suoi segni, i suoi grovigli mentali, le sue immagini febbrili ed eccitanti lui li traduceva in maniera splendida anche in oreficeria sbalzando e cesellando. Lui poteva fare con grande classe l'inserimento delle pietre. E lo sbalzo? La lamina d'oro, sotto lo sbalzo diventava in Afro luce e in qualche modo diventava pittura.»[3]
Le oreficerie di Afro assommano la pratica del libero segno informale con l'iconografia surreale, mentre i fratelli Mirko e Dino insistono sulla cultura arcaica con soluzioni del tutto diverse. Dino coltiva un recupero mitico della cultura domestica e contadina, mentre Mirko, che già a Udine aveva realizzato oreficerie religiose d'ispirazione medievalistica e rinascimentale, approda a elaborazioni archeologiche di area mediterranea che si avvalgono di un complesso strutturalismo testimoniato da alcuni bracciali, studi preparatori della sua famosa opera scultorea dei cancelli per le fosse Ardeatine. A commento di queste opere valgono le parole che Enrico Crispolti espresse in occasione di una mostra dell'artista, «Rami e ottoni. 1953-1958»: «L'artista rompe la superficie moltiplicandone e stravolgendone la dimensione piana, secandola e forandola fino a creare una complessa dialettica di inserti spaziali, fra intrusioni e tagli.»[4]
Il linguaggio primordiale, ancora espresso in schemi post cubisti, è travolto da una espressività più convulsa, da una dinamica informale che accede all'astrazione attraverso il biomorfismo, il molecolarismo, il libero segno grafico e gestuale. Edgardo Mannucci, Giuseppe Uncini, Giuseppe Capogrossi, Nino Franchina, Pietro Consagra, Giulio Turcato, che operano costantemente nella sperimentazione orafa, non solo con la collaborazione della Ditta Masenza, ma successivamente anche con la Ditta Fumanti, negli anni Cinquanta-Sessanta, elaborano veri capolavori, testimonianze delle loro teorie splendidamente tradotte nel piccolo formato. Gli artisti, noti pittori e scultori, hanno la fortuna di ottenere l'attenzione verso la propria opera

14

Afro Basaldella
Brooch, "Eden", yellow gold, coral, emeralds, diamonds. Produced by Mario Masenza, circa 1950

*Afro Basaldella
Spilla, «Eden», oro giallo, corallo, smeraldi, diamanti. Esecuzione di Mario Masenza, 1950 circa*

[5] *G. Carandente (a cura di), Pietro Consagra, Palermo 1953*

[6] *G. Carandente, Nino Franchina, Roma 1982*

Masenza's company but also – from the 1950s-1960s onwards – with the Fumanti jewellery company, where the masterpieces they produced were splendid small-format expressions of the theories that informed their art.
These noted painters and sculptors were also fortunate in that the critical attention dedicated to the jewellery work they exhibited in joint shows held at galleries in Rome and other Italian cities cast light on the deep influence their activity in this field had on the other areas of their art. Pietro Consagra, for example, began experimenting with jewellery creation in 1944, cutting simple gold lamina to fit into each other and thus creating rigorously structured spaces shot through with light. Giovanni Carandente would recall these pieces when speaking of the artist's later sculptures: "The series of incised pieces should be seen as the origin of the artist's very individual experiments to reduce sculpture to thin sheets of steel on which the incised images reveal all the minute care of the goldsmith."[5] Carandente would also comment on the jewellery of Nino Franchina, one of the first artists to collaborate with Masenza, describing the raw immediacy of ruptures that still bear the mark of the pressure exerted to break through the gold. "His jewellery has all the irresistible, burgeoning force of material that opens out into blossoms, that explodes and breaks up into strands. What other material could the sculptor have used than metal, a material that under the hammer becomes docile and yielding, through the effects of fire glowing and even liquid ... Unlike Brancusi, Franchina works on his creations directly at the forge, rather than starting with a concept of the final form."[6]
This was a period when many exhibitions of such work were held in Rome – for example, that at the Galleria Nazionale d'Arte Moderna curated by Palma Bucarelli (1981) – whilst in Milan the Pomodoro brothers were collaborating with the original experiment being promoted by Giancarlo Montebello, which envisaged small series of splendid works by great artists from Italy and abroad. Yet in all of this proliferation of projects Mario Pinton was never involved, just as he did not exhibit at such important shows as the 1969 Artist Jewellery Design in Turin, or at the four historic "Aurea" shows held at Palazzo Strozzi in Florence during the 1970s and 1980s. The sole exceptions to this outsider status in Italy of the 1960s and 1970s was Pinton's participation at the Milan Triennale and the Decorative Arts sections of the Venice Biennale – at the very same time that the Padua jeweller's work

orafa da parte di grandi critici d'arte, che spesso presentano i loro lavori in mostre collettive tenute presso gallerie a Roma e in altre città italiane e che sanno cogliere la profonda influenza che la stessa esperienza orafa esercita sulla loro attività pittorica o plastica. Pietro Consagra, ad esempio, inizia la sperimentazione orafa sin dal 1944 lavorando su semplici lamine d'oro ritagliate a incastro o a riporto, che, attraversate dalla luce, rendono aree spaziali all'interno della rigorosa costruzione: di questa esperienza ne ha ricordo Giovanni Carandente allorché parla delle sue opere scultoree affermando «Ed è alla serie grafica che va pur riferito il singolare esperimento dell'artista di ridurre le sculture a sottilissimi fogli d'acciaio e su di essi incidere con minuzia di orafo segni e intere immagini.»[5] E ancora Carandente a commento dei gioielli di Nino Franchina, tra i primi artisti a collaborare con Masenza, ne descrive l'immediatezza dei tagli, dei fori nati da pulsioni pressanti che rompono la materia aurea, «I suoi gioielli hanno la tensione di una germinazione impellente di materia che sboccia, si sfilaccia, o scoppia; a quale altra materia, se non il metallo, che a contatto del fuoco e sotto la spinta del martello si fa docile e pieghevole, persino liquida e rovente, poteva fare ricorso lo scultore? (...) a differenza di Brancusi, Franchina ha sempre amato far nascere le sue invenzioni dalla forgia, non dall'idea concettuale della forma.»[6] Molte le manifestazioni a Roma, tra cui quella curata dalla stessa Palma Bucarelli nel 1981 alla Galleria Nazionale d'Arte Moderna di Roma. Anche Milano è attiva per l'intensa partecipazione dei fratelli Pomodoro che collaborano all'originale esperimento di Giancarlo Montebello che attua una splendida produzione, prevista in piccola serie, con grandi autori italiani e stranieri. In questo proliferare di iniziative Mario Pinton non è mai coinvolto, così come è rilevante la sua assenza in alcune importanti esposizioni come quella di Torino nel 1969, «Rassegna del gioiello d'arte firmato», e successivamente, nelle quattro edizioni di «Aurea», storica manifestazione nazionale fiorentina degli anni Settanta Ottanta a Palazzo Strozzi. Tale isolamento di Pinton dalla frenetica attività espositiva di rilievo nei decenni Sessanta-Settanta in Italia, fatta eccezione per la sua partecipazione alle edizioni della Triennale di Milano, alla sezione delle Arti Decorative alla Biennale di Venezia e ad alcune mostre a Vicenza, si contrappone alla sua costante presenza in mostre internazionali, in particolare presso lo Schmuckmuseum di Pforzheim, presso Internationale Schmuckschau

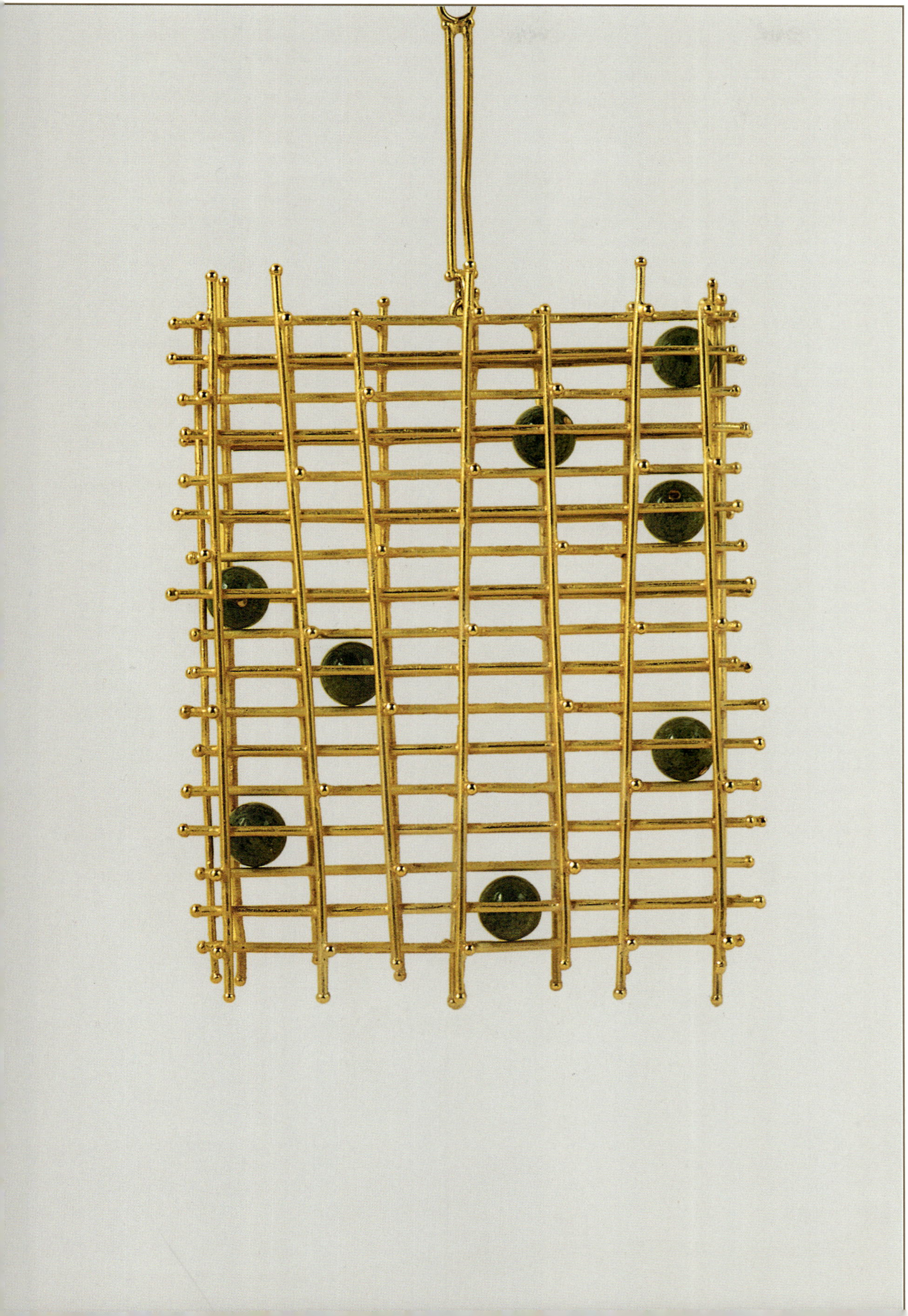

15

Giuseppe Uncini
Necklace with pendant with free-moving spheres, adventurine, circa 1960

*Giuseppe Uncini
Pendente di una collana con sfere semoventi, avventurina, 1960 circa*

figured constantly in international exhibitions at the Schmuckmuseum Pforzheim, at the various annual shows of the Munich Schmuckhaus and in important exhibitions in Austria, Holland and Japan.
However, in spite of Pinton's absence from important shows held in a number of Italian cities, one cannot ignore the possible relations between his work and that being produced by a number of other artists. As already mentioned, the dominate leitmotif in much of jewellery design in 1950s Italy was an interest in archaic cultures, an interest that Pinton explores in his own individual way: archaeological references are not used to evoke some fabulous mythical world but as a source of components for a complex symbolic language. From classical culture Pinton takes a sense of measure, a feeling for the equilibrium of forms, without any real interest in borrowing stylemes or offering some sort of abstract post-Cubist version thereof. When one looks at the insistence on the ergonomics of form, one sees there are clear parallels to be noted between his work of the 1950s and that being produced outside Italy: for example, the necklaces and bracelets created by the Swedish designer Vivianna Torun Bülow-Hübe, in which long undulatory bands of steel or silver are draped around neck or wrist (this approach would be developed in different ways by Torun's fellow countryman Sigurd Persson and by the Dutch jewellery maker Emmy van Leersum, whose designs are modelled on the sinuous lines of the body). For his part, Pinton did not strive for such plastic modelling; instead he used articulated laminae, reducing their 'play' to a minimum in order to create slight shifts in which the necklace or bracelet could pick up the natural movement of the limbs.

a Monaco di Baviera nelle sue diverse edizioni annuali, nelle grandi rassegne austriache, olandesi e giapponesi.
Resta da considerare quali siano stati i suoi rapporti con alcuni artisti. La diffusa cultura arcaica praticata da molti autori negli anni Cinquanta trova una diversa interpretazione da parte di Pinton: i suoi riferimenti archeologici non indulgono a una rappresentazione favolistica di un mondo mitico, ma riproducono i segni di un complesso linguaggio simbolico. Della cultura classica ripropone la misura, gli equilibri delle forme, senza mai volerne riprodurre i modi stilistici, tanto meno quale revisione in chiave di astrazione post cubista. Si potrebbero più facilmente riconoscere dei riferimenti tra Mario Pinton e alcuni protagonisti stranieri degli anni Cinquanta con cui condivise l'esigenza anatomica delle forme: le collane della svedese Vivianna Torun Bülow-Hübe, che utilizzava lunghe strisce ondulate di argento o acciaio, avvolgenti il collo o le braccia, pratica che troverà soluzioni diverse da parte dello svedese Sigurd Persson e ancora ulteriori varianti in molte opere dell'olandese Emmy van Leersum, fanno del corpo il centro plastico, scultoreo su cui si elaborano tortuose linearità. Pinton non accede alla espressività plastica ma minimizza la movimentazione delle lamine che, nel loro leggero snodarsi, operano una propria naturale integrazione all'articolazione delle membra.

16

Nino Franchina
Brooch, yellow gold,
brilliant-cut diamonds,
circa 1950-60

Nino Franchina
Spilla, oro giallo,
diamanti taglio brillante,
1950-60 circa

17

Pietro Consagra
Brooch, yellow gold,
circa 1950

Pietro Consagra
Spilla, oro giallo,
1950 circa

three Francesco Pavan. Programmatic and Kinetic Art in Padua in the 1960s.

tre *Francesco Pavan e l’Arte Programmata e Cinetica a Padova. Gli anni Sessanta.*

Padua in the 1960s saw the development of a movement in the visual arts that reflected what was happening in various cities throughout the world – Milan, Rome, Paris, Düsseldorf and Buenos Aires – where new theories were emerging in opposition to the dominance of *arte informale*. Aiming to introduce new technologies and para-scientific developments into artistic practice, this Programmatic and Kinetic Art was inspired by clear social and ideological concerns; its goal was an artistic language based on mathematical and geometrical structures that totally eschewed individualistic expression. Primary forms and elementary components were to be assembled on the basis of established visual laws, which would mean that the final viewer of a work actually participated in its creation as a perceptual entity.

This movement was embodied in Padua by the ENNE Group, which originally comprised the artists Alberto Biasi, Manfredo Massironi, Toni Costa, Ennio Chiggio and Edoardo Landi. These would have close working contacts with various other groups: the T and MID groups in Milan, the Paris GRAV Group (which also included Argentinean artists), the UNO Group and Group 63 in Rome, and the ZERO Group in Düsseldorf. The choice of acronyms highlights the anti-individualistic and collective nature of groups in which those who played a key role in the development of artistic theory and creation were not necessarily regular members (such occasional collaborators included Getulio Alviani, Enzo Mari, Piero Manzoni, Enrico Castellani and Yves Klein).

One fundamental aspect of the work of the artists involved in the Programmatic and Kinetic movement was the design of jewellery, extraordinary pieces that were then created by occasional collaborators who offered perfect interpretations of these original ideas. Amongst those who worked in this area of design one should mention François Morellet, Jesus Raphael Soto, Victor Vasarely, Yaacov Agam, Bruno Munari, Giuseppe Uncini, Nicola Carrino, Gabriele De Vecchi, Pasquale Santoro, Getulio Alviani and Franco Cannilla.

In Italy as a whole there was a focus on the area of pure design as such, even if excellent results were achieved in the intense collaboration between designer and actual jewellery maker (see, for example, the work produced by Giancarlo Montebello). However, there was no real experimentation with the qualities of materials themselves; and given that Mario Pinton had taken such exploration as the very basis of the aesthetics of jewellery-

A Padova, negli anni Sessanta, si diffonde un movimento culturale nell'ambito delle arti visive in stretta connessione con paritetiche tendenze di alcuni centri internazionali: Milano, Roma, Parigi, Buenos Aires, Düsseldorf sono città dove intenso fu lo scambio delle nuove teorie che intendevano avvalersi di apporti tecnologici, sistematici, parascientifici, in netta contrapposizione con la cultura informale allora dominante. Fu definita Arte Programmata e Cinetica un'arte pervasa di intenti ideologici e sociali, esente da ogni espressività individualistica, psicologica, tesa a un linguaggio basato su leggi matematiche espresse in strutture geometriche. Nella sua prassi usava segni elementari, forme primarie, ne prevedeva e ne organizzava ogni dato calcolandone gli aspetti visivi, le realtà percettive che rendevano il fruitore un coautore del progetto.

A Padova si costituisce il Gruppo ENNE, composto inizialmente dagli artisti Alberto Biasi, Manfredo Massironi, Toni Costa, Ennio Chiggio, Edoardo Landi. Intensi sono i rapporti tra il Gruppo ENNE e i Gruppi T e MID di Milano, il gruppo francese GRAV composto anche da operatori argentini, a Parigi, il Gruppo UNO e il Gruppo 63, a Roma, il Gruppo ZERO a Düsseldorf: le sigle confermavano il carattere collettivo e anti-individualistico delle attività a cui parteciparono altri protagonisti che, pur non inseriti in specifici gruppi di lavoro, furono determinanti sia nella teorizzazione che nella creatività artistica, come Getulio Alviani, Enzo Mari, Piero Manzoni, Enrico Castellani, Yves Klein.

È fondamentale ricordare che buona parte dei maggiori rappresentanti dei diversi movimenti di Arte Programmata e Cinetica s'impegnarono nella progettazione di gioielli con opere straordinarie anche se limitate alla sola ideazione, realizzate da occasionali esecutori, alcuni dei quali perfetti interpreti dei progetti: da ricordare i gioielli di François Morellet, di Jesus Raphael Soto, di Victor Wasarely, di Yaacov Agam, di Bruno Munari, di Giuseppe Uncini, di Nicola Carrino, di Gabriele De Vecchi, di Pasquale Santoro, di Getulio Alviani, di Franco Cannilla.

Mentre in Italia s'impone una gioielleria di pura progettazione con alcuni eccellenti risultati allorché si verifichi una intensa collaborazione tra ideatore ed esecutore, ne è un perfetto esempio la produzione di Giancarlo Montebello, resta comunque frustrato il valore sperimentale sulla materia. A Padova invece, dove su questo valore Mario Pinton aveva imperniato la validità estetica dell'opera, si attua una prassi totalmente diversa.

18

Francesco Pavan
Brooch, "Orthogonal planes", white gold, agate, 1973

*Francesco Pavan
Spilla, «Piani ortogonali», oro bianco, agata, 1973*

making, in Padua the direction taken by Programmatic and Kinetic Art was totally different.
A former pupil of Pinton's and a teacher of the recently established course in jewellery-making at the "Pietro Selvatico" State Art Institute, Francesco Pavan was particularly influenced by the visual theories of the ENNE Group; and the application of these in the field of jewellery led to the creation of pieces in which the complex dialectic between kinetic elements is used to establish geometrical space (20, 26).
Pavan used primary forms in yellow or white gold, with infinite variations achieved through the use of different types of rock crystal (transparent or glowing red) and the exploitation of contrasts between shiny surfaces of yellow gold and the burnish of niello. The components were put together in such a way that these contrasts between them produced complex optical effects, which sometimes shifted beyond or outside those intended by the original design. In effect, the use of shiny reflecting surfaces in conjunction with layers of transparent material served to magnify and compress appearances, creating a geometrical structure that can be read in different ways.
Often Pavan used rounded or square surfaces that are then hinged so that their movement transforms then into squares and spheres, even if their shifting equilibrium means that they can at any moment once more become flat surfaces (19). These same primary shapes might then be broken down into their constituent elements – segments, lines, diagonals – that can thence form autonomous geometrical compositions within the basic image (28). The movement in Pavan's pieces is determined solely on the basis of mathematical physical laws, without any of the resort to mechanics, magnets or air and water jets that one often finds in the work of Kinetic artists. Only much later – in 1993-1994 – would he break with this rule by introducing electrical components into a series of brooches in order to provide precisely-organised sources of different-coloured light.
For all that it rests on this constant dialectic of visual components, what is fascinating about Pavan's jewellery is its purity of composition; every single quality of gold – its shininess and malleability, its ability to reflect or absorb light – is exploited in the most seductive of ways. And when Pavan entirely 'annihilates' gold by covering it with black niello, he is inspired not by some sort of mystical, alchemical experimentation but by a clear desire to underline the positive and negative of the forms taken by the

Francesco Pavan, allievo di Pinton e già docente nello stesso Istituto Statale d'Arte «Pietro Selvatico» alla cattedra di oreficeria, istituita proprio in quegli anni, particolarmente coinvolto dalle teorie espresse dal Gruppo ENNE e da altri operatori, trasferisce le teorizzazioni visive in ambito orafo creando nel piccolo spazio prezioso del gioiello un luogo dove la geometria descrittiva trova attuazione nelle complesse dialettiche delle concezioni dell'Arte Programmata e Cinetica (20, 26).
La geometria di Pavan si esprime con forme primarie di oro bianco o giallo nelle continue variazioni date dall'intervento di piani in cristallo di rocca trasparente o rutilato, o dalle contrapposizioni lucide-opache ottenute dal contrasto dell'oro giallo con il bruno del niello. Si moltiplicano gli interscambi degli elementi positivi e negativi che nelle loro interazioni creano effetti ottici complessi, a volte stranianti e devianti dall'esatta impostazione del progetto originario. Gli effetti spaziali nelle loro dilatazioni o riduzioni, ottenuti dalle riflessioni di superfici di oro lucide opposte ad altre trasparenti, conducono il segno geometrico verso soluzioni di ambigua lettura.
Spesso Pavan utilizza geometrie piane, quadrati o circonferenze, che, messe in moto da sapienti articolazioni, si trasformano in volumetrie, cubi o sfere, il cui instabile equilibrio tende a ricondurle costantemente alla forma bidimensionale originaria (19). Le stesse figurazioni primarie si suddividono nei propri elementi strutturali, segmenti, linee, lati, diagonali, che si ricompongono in porzioni divenute autonome entità geometriche all'interno della primitiva immagine (28). Il movimento in Pavan è realizzato secondo norme logiche, matematiche, estraneo all'adozione di mezzi meccanici, motori, magneti, flussi d'aria o d'acqua, sistemi sovente utilizzati da molti artisti operanti nell'area cinetica per creare il moto. Pavan farà eccezione a questa regola solo molto più tardi, negli anni 1993-94, quando realizzerà opere cinetiche utilizzando componenti elettrici posizionati all'interno di spille, capaci di creare fonti luminose organizzate in segni e colorazioni precisi.
Affascina la purezza compositiva delle opere se pure rese in una costante dialettica visiva: a sedurre è la qualità della materia aurea in cui ogni carattere è esaltato, dalla lucentezza alla morbidezza, dalla capacità riflettente a quella assorbente. L'uso dell'oro totalmente ricoperto di nero niello, nell'apparente suo azzeramento, non è perseguito da Pavan come una mistica ricerca alchemica ma è determinato dalla

19

Francesco Pavan
Earrings,
white gold, 1970

*Francesco Pavan
Orecchini,
oro bianco, 1970*

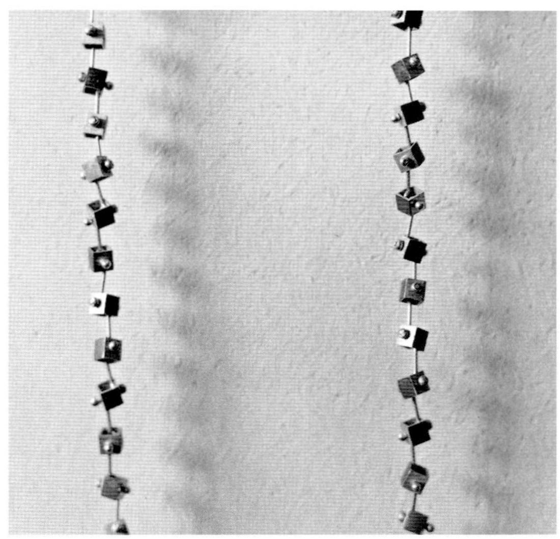

20

Francesco Pavan
Necklace (detail), red gold, niello, 1964

*Francesco Pavan
Collana (particolare), oro rosso, niello, 1964*

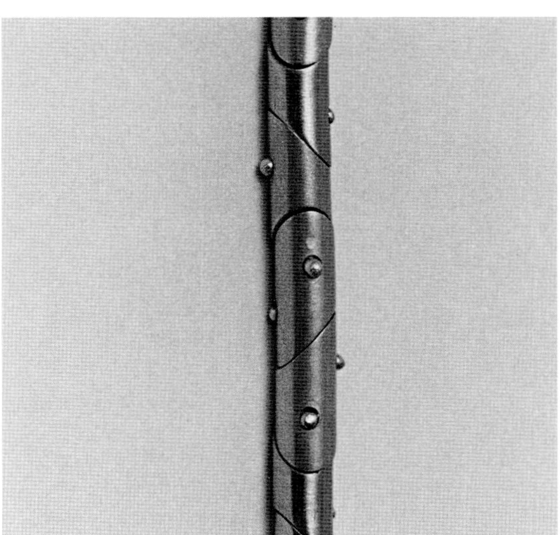

21

Francesco Pavan
Modular necklace (detail), red gold, white gold, 1977

*Francesco Pavan
Collana modulare (particolare), oro rosso, oro bianco, 1977*

metal. One famous piece is the long 1969 necklace "Giunto cardanico" (22). A possible design for industrial production, this comprises threaded cross-shaped components with curved edges, which form open cubic spaces that rotate backwards and forwards around a central core. Another fundamental work, again designed with industrial production in mind, is a necklace in white and yellow gold cylindrical sections whose ends are sliced at an angle; these components are linked by invisible internal hinges, which means they can either lie flat in a single continuum or hang at an angle to each other (21). A few years later Pavan would produce another larger-scale example of this design, in which screw heads stand out against the black niello (23). The more barbaric appearance of this piece heralded the Minimalism that would later become the language used by various other jewellery makers of the Padua School; at the time, Pavan did not take this notion any further, given that his focus was primarily on the possible alterations of geometrical form. It was this focus on flexible geometry that led him to adopt those small hinges made of minute rods of gold whose ends were welded to form tiny pinheads, which not only had a functional purpose but also made an important contribution to the chromatic variations within the piece. This idea, subsequently adopted by other designers with various modifications, is one of the distinctive feature of the Padua School style.

Along with transparent, opaque or glowing red rock crystal, Pavan also used agate (preferably non variegated), geometrically-cut aquamarine that was often set within niellated forms (25). But while Pinton used the placing of gemstones within the piece to focus attention on the composition and the tensions resolved within it, for Pavan the placing of the gems is part of the composition itself (24). The latter artist was, in fact, not only Pinton's pupil but also for a number of years an assistant in his workshop. The key influence one sees continuing in his own work is his teacher's core concern with geometry. For Pinton, this could be rendered lyrically, with lines, points and geometrical juxtapositions becoming the expression of a metaphysical reality in which the figurative might become the abstract or vice versa. Pavan, on the other hand, used the theories of Kinetic Art to create works in which geometrical components remain what they are, with no possibility of figurative rendition. From his teacher he takes an extreme precision and lightness of touch, which he employs in

contrapposizione di segno positivo-negativo delle forme auree. Famosa la lunga collana del 1969, «Giunto cardanico» (22), possibile progetto industriale: formata da elementi cruci-formi, forati al centro, che muovono perpendicolarmente due lati verso il basso e due verso l'alto, si costituisce in riquadri dall'apparenza cubica, in oro giallo e niello, a cui l'intervento di minimi perni permette l'articolazione in opposte direzioni. Altra opera fondamentale, progettata sempre in riferimento alla produzione industriale, è la collana di oro bianco e giallo, formata da sezioni di cilindri, accostati con precise inclinazioni, il cui assemblaggio è reso possibile da invisibili tubicini interni attraversati da un perno che ne consente la rotazione (21). Di quest'opera, pochi anni dopo Pavan realizzerà un altro esemplare, simile al primo nella struttura, ma di dimensioni più grandi e più plastiche, intera-mente coperto di nero niello su cui luccicano le teste dei chiodi (23): un lavoro dall'effetto barbarico che nel contempo prelude a una cultura minimalista, che, successivamente, sarà il linguaggio di altri autori della Scuola pado-vana, anticipato da Pavan ma non sviluppato, almeno in quel periodo, per quella sua attenzione che si esauriva soprattutto nello studio delle alterazioni delle forme geometriche. Ed è proprio nell'ambito di questa ricerca che l'artista adotta la soluzione della flessibilità realizzando quei minimi perni, aghi d'oro, le cui estremità fuse diventano microscopiche capocchie, congegni non solo funzionali alla mobilità delle parti ma necessari all'integrazione del progetto che li assimila esteticamente sia come mezzi di variazioni cromatiche sia come dati strutturanti l'unità dell'opera. Questa ideazione, adottata successi-vamente da altri autori, se pure con modifiche e varianti, sarà uno dei segni distintivi dello stile della Scuola di Padova.

Pavan oltre ai cristalli di rocca, trasparenti o opachi, spesso rutilati, utilizza agate, possibil-mente non variegate, acque marine dai tagli geometrici, inserite spesso in forme niellate (25). A differenza di Pinton che disponeva la gemma in punti precisi del disegno atta a focalizzarne la tensione compositiva, l'inserimento della pietra preziosa in Pavan è totalmente integrato al progetto come suo componente strutturale (24). L'eredità formativa trasmessa da Pinton a Pavan, che non solo fu suo allievo, ma anche collaboratore nel suo atelier per alcuni anni prima di assumere l'incarico di insegnante, è riconoscibile nell'assimilazione del nucleo centrale dell'insegnamento del maestro basato sulla geometria descrittiva. Ma mentre Pinton

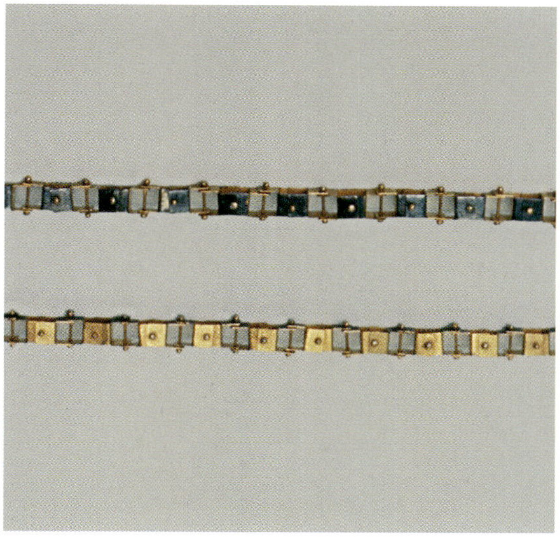

22

Francesco Pavan
Necklace (detail), "Gimbal", red gold, niello, 1969

*Francesco Pavan
Collana (particolare), «Giunto cardanico», oro rosso, niello, 1969*

23

Francesco Pavan
Modular necklace, red gold, niello, 1976

*Francesco Pavan
Collana modulare, oro rosso, niello, 1976*

24
Francesco Pavan
Ring, yellow gold, argentan, rock crystal, 1980

Francesco Pavan
Anello, oro giallo, alpacca, cristallo di rocca, 1980

25
Francesco Pavan
Brooch, "Interior", white gold, argentan, rock crystal, 1977

Francesco Pavan
Spilla, «Interno», oro bianco, alpacca, cristallo di rocca, 1977

handling transparent materials to create apparently empty forms within which space is defined through dialectic. The ancient technique of niello-work – which Pinton had rediscovered – is used by Pavan not for the *chiaroscuro* effects that were so dear to his teacher, but rather to add a new substance in its own right, a dense material that is integrated with the other metals of the piece.

ne applica i canoni in una trasformazione lirica, emotiva, dove linee, triangolazioni, punti sono espressione di una realtà metafisica che non esclude la figurazione trattata come un componente astratto, Pavan, invece, coinvolto dalle teorizzazioni cinetiche, esprime i dati geometrici mediante proiezioni ortogonali, fondamento di rappresentazioni prospettiche in cui ogni realtà figurativa è totalmente esclusa. Di Pinton assume l'estrema precisione e la leggerezza, realizzate, nel suo caso, con forme apparentemente svuotate dall'impiego di materie trasparenti, luoghi di dialettiche spaziali. Del niello, antica tecnica riproposta da Pinton, Pavan esclude gli effetti chiaroscurali cari al maestro, per renderlo materia spessa, coprente, totalmente integrata ai metalli.

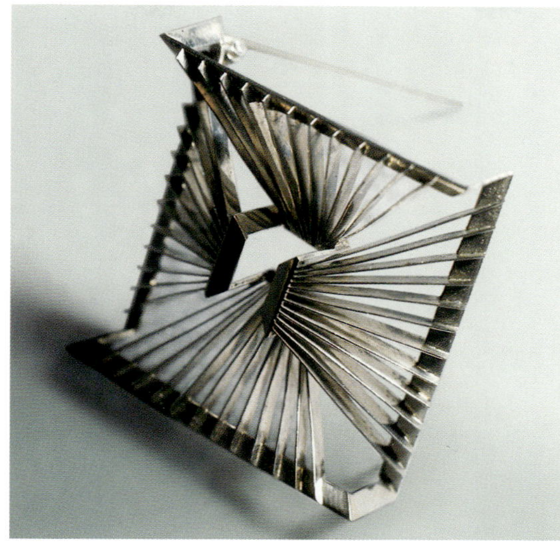

26

Francesco Pavan
Brooch, white gold,
1968

Francesco Pavan
Spilla, oro bianco,
1968

27

Francesco Pavan
Brooch, white gold,
1970

Francesco Pavan
Spilla, oro bianco,
1970

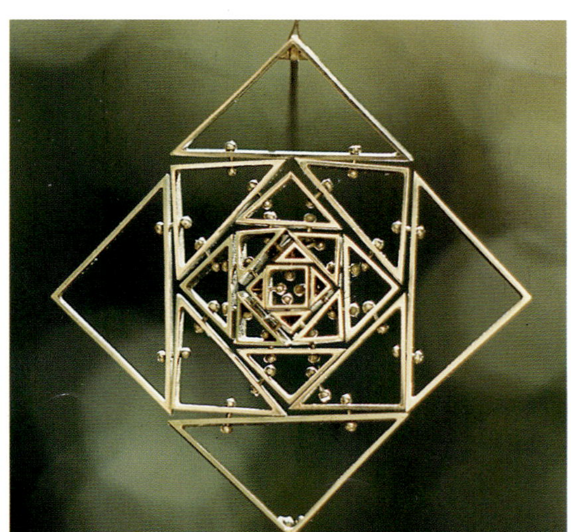

28

Francesco Pavan
Brooch, "Concentric
Squares", white gold,
1967

Francesco Pavan
Spilla, «Quadrati
concentrici», oro
bianco, 1967

four The Influence of Programmatic and Kinetic Art from the 1960s to the 1980s.

Giampaolo Babetto Paolo Maurizio Renzo Pasquale
Diego Piazza Piergiuliano Reveane Alberto Zorzi

quattro *Influenza dell'Arte Programmata e Cinetica su alcuni autori. Dagli anni Sessanta agli anni Ottanta.*

Giampaolo Babetto Paolo Maurizio Renzo Pasquale
Diego Piazza Piergiuliano Reveane Alberto Zorzi

In 1961 Francesco Pavan began teaching at the "Pietro Selvatico" State Institute of Art, where he shared his theoretical ideas with a small group of pupils and colleagues, all of whom initially formed a sort of collective.
The cohesion of the group lasted for only a short time but was enough for each of the members to become aware of the experimental line being followed by the others; thereafter, individual talents and approaches led to different ways of interpreting the rigorous exploration of geometrical form that had originally brought them together. The variations would become even more striking in the second generation of the Padua School.

One figure who showed great originality in his experimentation with the ideas of Kinetic Art was Giampaolo Babetto, a pupil of Mario Pinton's and, in his own turn, a teacher at "Pietro Selvatico" from 1969 to 1983. Whilst still very young he would produce a work that already broke new ground within the Padua tradition. At the time he may have been unaware of the interest Kinetic Art circles took in applying chance movement (perhaps generated mechanically or just by a change in light source) to alterations of geometrical form, but his 1969 brooch (33) uses just this concept: the listels hinged to the square base of the piece are left free to move backwards and forwards at random. This piece probably predates the work of the Belgian artist Pol Bury, in which the same idea of chance movement is exploited within a piece of jewellery; that work was the fruit of Bury's collaboration with Giancarlo Montebello in Milan, which would run from the late 1960s throughout the 1970s.
Aware of Pavan's exploration of Kinetic Art, Babetto developed an approach that seemed to subsume and move beyond such ideas. In some works of the late 1970s, movement was still an essential feature in the fluid conjunction of primary forms – especially in the long necklaces – but the artist now placed the accent on the joints and hinges through which these articulated wholes were constructed; the structural features of the piece served to model its appearance. Pavan had articulated components using minute rods ending in pinheads that marked the repetition of the elements which made up the entire piece, with the functional joints being part of the composition. For his part, Babetto now emphasised the visual impact of these connectors and links, whose role in the construction of the finished work is already clear in his first necklaces (29), with light disks of oxidised gold alternating with a series of

Francesco Pavan nel 1961 insegna all'Istituto d'Arte «Pietro Selvatico» dove trasmette la sua visione teorica a un ristretto numero di operatori, sia allievi che colleghi, che inizialmente appaiono lavorare quasi in una partecipazione collettiva.
La coesione dura il tempo della reciproca trasmissione sperimentale, quando già le diverse personalità cercano, pur nella rigorosa esercitazione geometrica, scelte interpretative diverse che permettono l'evidenziarsi di nuovi talenti. Le variazioni andranno via via accentuandosi con la partecipazione di operatori più giovani che costituiscono già una seconda generazione.

In questo contesto emerge una personalità che all'interno della sperimentazione cinetica offre prova di grande originalità: Giampaolo Babetto, allievo di Mario Pinton e a sua volta docente nello stesso istituto dal 1969 al 1983, ancora giovanissimo interviene con una opera che esula persino dalla consuetudine padovana. Inconsapevole, forse, di coeve sperimentazioni cinetiche, che operavano in ambienti internazionali e che affidavano la variabilità delle forme non solo alle teorie matematiche applicate alla geometria ma al fattore dato dal caso, dal movimento occasionale dai motori, dall'apporto di fonti luminose, ecc., Babetto, nel 1969, realizza una spilla (33) sulla cui base quadrata vengono fissati molteplici listelli lasciati liberi in una perpetua mobilità per l'effetto della movimentazione casuale. Il suo lavoro probabilmente precede l'opera dell'artista belga Pol Bury, che, con un gioiello, realizza lo stesso principio del moto continuo provocato dalla casualità gestuale: l'opera nasce dalla collaborazione con Giancarlo Montebello, a Milano, tra la fine degli anni Sessanta e il decennio Settanta.
Babetto, consapevole della ricerca cinetica di Pavan, interviene con soluzioni proprie in cui già s'innestano i termini del superamento di questa prassi. Con alcune opere della fine degli anni Sessanta, pur elevando il movimento a mezzo indispensabile al fluire delle forme primarie organizzate, in particolare in lunghe collane, l'artista pone l'accento sulla costruzione tecnica e significante delle giunture atte all'articolazione degli elementi in successione, caricandole d'intensa forza strutturale ed evidenziandone la plastica iconografia. Pavan aveva risolto l'articolazione con l'invenzione di minimi chiodi di cui le capocchie, come piccole semisfere, scandivano il susseguirsi degli elementi delle collane,

Detail of ill. 30
Particolare di ill. 30

29 / left / a sinistra
Giampaolo Babetto
Necklace, oxidized gold, 1968

Giampaolo Babetto
Collana, oro ossidato, 1968

30
Giampaolo Babetto
Necklace, yellow gold, niello, 1975

Giampaolo Babetto
Collana, oro giallo, niello, 1975

minute cylindrical tubes that mark the unbroken line along which the components maintain their dynamic equilibrium. One necklace (32) is made up of combined semicircles, whose 'mechanical' appearance is underlined by the implied notion of contrasting pairs of spheres that contain the disks at the same time as allowing the fluid motion of the links. And another necklace (31) confirms this focus on joints as not merely functional components but as essential features of the composition: the folded rhomboid forms are linked by rings, within which their tips are free to move at the same time as they appear enclosed and constricted. The play on the conflict between free movement and coercion achieves its most striking contrast with the results of Programmatic Art in yet another necklace (30), where the laminae that form the open, square space are hinged by spheres which are added like so many rivets in a girder; the succession of overlapping sides thus forms a whole that may be kinetic but is also vaguely architectural in composition. All of these pieces from the 1970s reveal Babetto's desire to create jewellery that should be recognisable as a single overall entity, not something that is fragmented by movement. And this concern with the unified definition of geometrical form rather than its visual scansion is a foretaste of the Minimalism that would be the distinguishing feature of Babetto's work in the 1970s and 1980s.

One member of the Padua group who is totally committed to an exploration of kinetic possibilities in jewellery design is Paolo Maurizio, whose works develop all the aspects of moving form – from those determined by articulated components to those which result from visual illusions; in 1974 he won one of the most prestigious of all international awards in this field, the Munich Herbert Hofmann Prize (34). Strangely enough, this interesting artist moved away from the initial group (one of the first members to do so) to work on his own; however, his jewellery still reveals an interest in kinetic design. Maurizio would also make some exceptional experimental uses of titanium, employed as a counterpoint to gold in articulated geometric forms to create a wide range of delicate and vivid nuances of colour (37). Many of his pieces comprise illusory three-dimensional forms created on two-dimensional surfaces using small rhomboidal or rectangular tesserae (36). The overall effect of chromatic combinations in illusions of projecting volumes recalls the paintings of Victor Vasarely (35).

attribuendo a questo sistema di agganci un significato compositivo oltre che funzionale. Babetto accentua il valore visivo delle connessioni che assumono una valenza costruttiva come già si nota in una delle sue prime collane (29), formata da leggeri dischi di oro ossidato che si susseguono sinuosamente, sostenuti da una serie di minimi tubi cilindrici che indicano la linea continua come tenuta statico dinamica degli elementi. Nella collana (32), costituita da semicerchi abbinati, i duplici binomi di sfere contrapposte che li trattengono permettendone il flusso motorio, sottolineano la loro incidenza meccanica; l'accentuazione data ai particolari degli snodi, non più semplici giunture ma elementi essenziali del percorso, è confermata dalla collana (31) dove le forme romboidali ripiegate si congiungono con anelli determinando centri spaziali di movimentazione e insieme di costrizione. Si introduce il binomio movimento-coartazione degli elementi e ne è data la massima evidenza con una interpretazione diversa da quella di Arte Programmata con la collana (30) in cui lamine posizionate a creare uno spazio cubico aperto sono fissate da sfere inserite a modo di bulloni che indicano nella fuga dei lati in successione un progetto architettonico piuttosto che cinetico. Queste opere sono eseguite negli anni Settanta quando si fa sensibile in Babetto la volontà di una rappresentazione globale dell'oggetto, riconoscibile nella sua interezza non più frantumato dal movimento. Matura in Babetto una sensibilità verso la forma geometrica definita nella sua totalità piuttosto che nella sua scansione visiva preludendo già alla ricerca minimalista che contraddistingue il suo lavoro successivo tra gli anni Settanta-Ottanta.

Paolo Maurizio è un artista del gruppo padovano, totalmente e radicalmente votato all'esercitazione di Arte Cinetica. Assume e sviluppa le teorie della movimentazione della forma in tutte le sue possibilità di mutazione, dai giochi dell'illusoria apparenza alla persistente articolazione. Il suo lavoro è stato premiato nel 1974 con uno dei più prestigiosi riconoscimenti internazionali, il premio Herbert Hofmann di Monaco di Baviera (34). Stranamente questo interessante artista si dissocia dal gruppo iniziale che, successivamente, avrà altre diaspore, allontanandosi in un lavoro solitario ma sempre improntato alla ricerca cinetica. Eccezionale è la sua sperimentazione con il titanio, che, doppiando l'oro come contrappunto nelle forme geometriche articolate, viene elaborato in tutte le colorazioni possibili, nelle cromie più accese o delicate (37). Molte le

31

Giampaolo Babetto
Necklace, yellow gold, niello, 1973

*Giampaolo Babetto
Collana, oro giallo, niello, 1973*

32 / left / a sinistra

Giampaolo Babetto
Necklace, white gold, 1970

*Giampaolo Babetto
Collana, oro bianco, 1970*

33

Giampaolo Babetto
Brooch, yellow gold, 1969

*Giampaolo Babetto
Spilla, oro giallo, 1969*

34
Paolo Maurizio
Brooch and pendant, yellow gold, ebony, 1974

Paolo Maurizio
Spilla e pendente, oro giallo, ebano, 1974

35
Paolo Maurizio
Brooch, yellow gold, silver, azure titanium, 1970/1994

Paolo Maurizio
Spilla, oro giallo, argento, titanio azzurro, 1970/1994

36
Paolo Maurizio
Brooch, yellow gold, silver, 1995

Paolo Maurizio
Spilla, oro giallo, argento, 1995

37

Paolo Maurizio
Necklace, "Module 69", yellow gold, titanium in different colours, 1969–1998

*Paolo Maurizio
Collana, «Modulo 69», oro giallo, titanio di vari colori, 1969–1998*

Renzo Pasquale is an unusual member of the Padua group because he did not study at the "Pietro Selvatico" but at the city's university, where he took a degree in Biology. His later association with other members of the group – and Francesco Pavan, in particular – was more the result of a similarity of temperament, and Pasquale would then exhibit at their most significant shows, subsequently becoming a teacher at the "Pietro Selvatico".
Kinetic design in this case involves the use of cubes, cones and parallelepipeds in such semi-precious stones as granite and rock crystal, with minimum alterations that lighten the mass of the piece (38). These illusionistic changes result in volumes within which one can see segments of gold running in precise but apparently changing lines through transparent crystals, or else the use of gold to make incisions that appear to be sections through opaque bodies. The gold additions – either within or around the solid – divide up the surface whilst maintaining integrity of the form, and it is they which lighten the apparent mass of the piece.
An expert in the use of glyptics, Pasquale also exploited the notions of kinetic design in pieces where the removal of sections from the rock crystal created illusory effects due to the transparency of the mineral. Ambiguous areas were thus created where there seemed to be a reiteration of volumes, making it difficult to determine the original form of the uncut solid. Such precision effects were used in works with diaspores, granites and quartzes, creating pieces of great formal quality. For a variety of reasons, Pasquale stopped producing jewellery for a number of years, but he has recently returned to creative work, continuing his exploration of the effects to be achieved through the geometry of solids.

Diego Piazza was an original artist who moved from exploration of the notions of Kinetic Art to a more personal enquiry into both the structure and symbolism of geometrical schema. Having received his diploma from the "Pietro Selvatico" in 1970, he would then work in various jeweller's workshops before returning to the institute as teacher in the period 1984-1995. His first works were strictly dynamic in inspiration, with a series of rings comprising loose spheres contained within rigid square or cylindrical structures. The artist quickly revealed his sensual feel for materials, employing sinuous lines of grey niello and gold in rounded rings or brooches with undulatory modulations (39). This interest in the most varied metals would lead him to work with iron, bronze and copper,

soluzioni di volumetrie illusorie realizzate su superfici bidimensionali utilizzando schemi grafici di piccole tessere romboidali o quadrangolari (36); nella loro distribuzione sfruttano la doppia colorazione del piano creando effetti ottici che ricordano le pitture di Victor Vasarely, di cui oltre all'apparente proiezione prospettica di ingannevoli solidi aggettanti, l'artista sa riprodurre, nelle contrapposizioni metalliche, le piacevoli cromie alternate (35).

Renzo Pasquale s'inserisce in modo anomalo nel gruppo padovano, in quanto è tra i pochi a non essersi formato presso l'Istituto Statale d'Arte «Pietro Selvatico», avendo compiuti i suoi studi all'Università di Padova, dove ha conseguito la laurea in Biologia. Del tutto casualmente o per una sua naturale predisposizione si avvicina ad alcuni operatori, in particolare a Francesco Pavan: diventa quindi partecipe delle mostre più significative del gruppo e, successivamente, assume l'incarico di docente presso l'Istituto, dove attualmente insegna.
La pratica progettuale di stampo cinetico è per Renzo Pasquale un minimo intervento su cubi, coni, parallelepipedi in pietra dura come il granito o il cristallo di rocca di cui sa eliminare ogni resistenza materica con giochi illusionistici che ne alleggeriscono la massa (38):
crea volumi su cui s'intravede il passaggio di segmenti d'oro, linee precise ma apparentemente mutevoli nelle trasparenze cristalline, o incisioni auree come sezioni sui corpi opachi. Responsabili dello sgravarsi del peso sono proprio le grafie auree inserite o perimetrali ai solidi di cui spartiscono le aree pur mantenendo l'integrità del volume.
Pasquale, massimo esperto di glittica, utilizza le concezioni motorie della sperimentazione cinetica in particolare nell'uso di cristalli di rocca dove l'asportazione di parti produce impressioni ingannevoli date dalle trasparenze del minerale. Precise sezioni applicate alle pietre dure creano zone ambigue, dove i volumi sembrano reiterarsi in una più complessa lettura che rende difficile l'individuazione percettiva della loro originaria interezza. Le sue operazioni con diaspri, graniti, quarzi, sono precise, perfette e rendono altissima la qualità formale del suo lavoro. Pasquale, a seguito di svariate vicissitudini, si allontana dall'impegno creativo per molti anni: recentemente ha ripreso la sua ricerca con opere sempre contrassegnate dalla misura geometrica legata alla sperimentazione sui solidi.
Diego Piazza è un originale artista che sperimenta la normativa di Arte Programmata e

38
Renzo Pasquale
Brooch, yellow gold,
rock crystal, 1982

Renzo Pasquale
Spilla, oro giallo,
cristallo di rocca, 1982

[1] *G. Segato, L. Puppi, BR. Volpe, L'immaginazione costruttiva Franco Carlassare, Sandra Marconato, Diego Piazza, Renato Vanzelli, Padova 1987; R. e P. Hildenbrand, Gioiello. Biennale Svizzera del Gioiello d'Arte Contemporaneo, Lugano 1988*

exploring the ways in which they could be moulded and formed. The result was an increasing tendency towards the sculptural, initially in small-format pieces, with rectangular surfaces composed of different layers of iron inscribed with lines and dots of gold.
Thereafter, he developed certain details within the piece, which emerge from their context to reveal themselves to be rings, earrings and brooches in their own right (40a/b, 41). In these articulated works, the black of the iron is echoed by the yellow of the gold, and the separate pieces of jewellery that emerge bear all the marks of their 'provisional' creation, at the same time as they fit back perfectly into the original artefact. No jewel-box ever achieved such a perfect symbiosis of object-at-rest and object-as-piece-of-jewellery.
The sculptural quality of the work means that the artist allows the jewellery to maintain all the sensuality of the iron, which is submitted to a long process of treatment to gain a silky, black finish. The minute gold pins are dotted across the surface like so many points of light; their erratic distribution – in which the order of the articulated design is not immediately apparent – seems to take on a certain symbolic meaning. Indeed, some critics have seen in it an "astral significance" or identified it as plotting "the course of the stars".[1]
The sculptural nature of Piazza's work became even more apparent in those larger pieces in iron comprising a single removable section in gold that then becomes a ring or a brooch. And moving on from iron to white Carrara marble, the artist continued to explore the possibility of pure forms within which a single niche housed a piece of jewellery, which could be removed without the organic whole of the sculpture being undermined.
The untimely death of the artist, who had already broken away from the Padua group, leaves one wondering in which direction his work might have evolved. Or would he have continued to explore the spatial impact to be achieved by works in which a single piece of jewellery is 'housed' within large volutes or thick sheets of iron, marble and bronze?

The Venetian-born Piergiuliano Reveane studied at the State Institute of Art in his home city before then starting to work at the "Pietro Selvatico" in 1970, where his encounter with the original Padua group led to the creation of works that evolved from the kinetic to a more static geometrical form. His original designs include a number of modular necklaces made up of squares and circles in which particular

Cinetica per allontanarsene poi in una indagine, che, se pure legata a schemi geometrici, si carica di valori strutturali e simbolici insieme. L'artista, diplomatosi all'Istituto «Pietro Selvatico» nel 1970, dopo varie esperienze presso alcuni laboratori orafi, vi ritorna come docente dal 1984 al 1995.
I primi lavori sono rigorosamente dinamici come la serie di anelli in cui le mobili sfere s'inseriscono in rigidi riquadri o in strutture cilindriche. Presto l'artista rivela la sua intensa sensualità materica prediligendo linearità sinuose di grigi nielli e oro su anelli dalle forme arrotondate o su spille dalle ondulate modulazioni (39). L'interesse per i metalli più diversi lo induce a lavorare con il rame, il ferro, il bronzo sperimentandone le intense possibilità plastiche. Il suo cammino volge all'opera scultorea che dapprima esercita nel piccolo formato: elabora piani rettangolari, risultato di sedimentazioni di plurime lastre di ferro su cui inserisce grafie di linee e punti d'oro. Organizza percorsi che si evolvono in un processo di rilievo di alcuni particolari che risultano staccabili dal contesto, rivelandosi come anelli, orecchini, spille (40 a/b, 41). Opere articolate, di nero ferro doppiato dal giallo dell'oro, perfettamente autonome benché portatrici della provvisorietà della loro genesi, perfette nel ricomporsi poi nella completezza dell'impianto originario. Mai uno scrigno di gioielli ne era stato anche la giustificazione creativa in una simbiosi così perfetta dove non si distingue la dualità delle entità congiunte. Il concetto strutturale e scultoreo dell'artista si realizza lasciando al gioiello tutta la sensualità della materia ferrosa lungamente trattata, tale da apparire lucente e sensuale come raso di seta nero. I minimi aghi aurei, fusi nel piano ferroso ed evidenziati solo in superficie come punti luminosi, nel loro scorrere erratico prima di collocarsi nel progetto articolato, acquisiscono una sensibilità simbolica definita, da parte di alcuni critici, come «valenza astrale» o «percorso siderale».[1]
L'istanza scultorea dell'artista si fa più esigente quando realizza grandi sculture di ferro di cui una minima sezione in oro può staccarsi e diventare anello o spilla. Dal ferro al bianco marmo di Carrara la sperimentazione plastica di Piazza prosegue sempre ricercando nella purezza delle forme una nicchia esclusiva per il gioiello, separabile ma ricongiungibile alla matrice originaria senza che l'organicità dell'opera se ne mostri alterata.
La scomparsa prematura dell'artista, già isolatosi dalla compagine operativa padovana, lascia l'interrogativo se il gioiello inserito in larghe volute o spessi piani di ferro, di marmo,

39
Diego Piazza
Brooch, yellow gold, niello, 1981

Diego Piazza
Spilla, oro giallo, niello, 1981

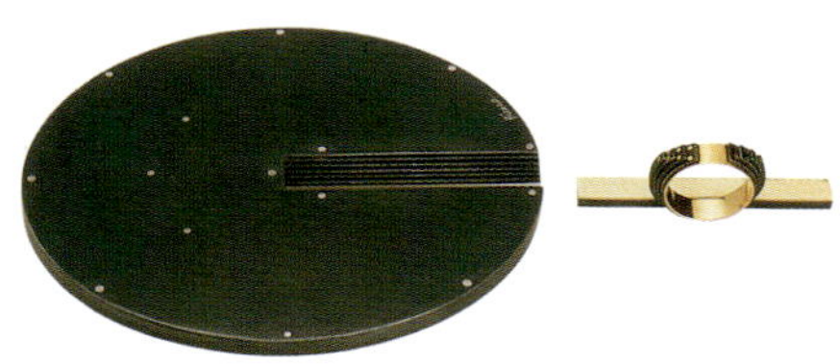

40a / left / a sinistra
Diego Piazza
Sculpture and detachable earrings, gold, iron, 1985

Diego Piazza
Scultura e Orecchini staccabili, oro, ferro, 1985

40b
Diego Piazza
Detachable ring and its plate, yellow gold, iron, 1986

Diego Piazza
Anello staccabile e suo supporto, oro giallo, ferro, 1986

41
Diego Piazza
Detachable brooch and its plate, yellow gold, iron, silver, 1983

Diego Piazza
Spilla staccabile e suo supporto, ferro, argento, 1983

care and inventiveness is applied in the joints that hold the articulated pieces together (42). Rather than aiming to fragment form, Reveane sought to achieve an effect of structural movement with minimum alterations in volumes. One can see his exploration of geometry moving, almost unintentionally, towards the Minimalism to which he would later make such significant contributions.

Alberto Zorzi's first kinetic works comprise a series of rings containing cavities within which rotate spheres of gold or hematite, or from which emerge cylindrical rivets in brightly-coloured semi-precious stones. One of the most intensely kinetic works involves a flat, rectangular transparent surface of spinel red, within which a hemisphere of gold creates multiple reflections that intersect to create shifting combinations.
Though he clearly is a member of the Padua group and is influenced by the ideas that inspire it, Zorzi feels a powerful need for his own artistic language; and this, perhaps unintentionally, has led him to neglect or undermine some of what might be taken as the group's fundamental rules of design: lightness, economy and unity. His inclination to heavily-modelled pieces can be seen in works comprising a mass of gold interrupted by semi-precious stones that fracture the whole into a number of individual fragments, without any suggestion of a possible recomposition into a single form. The intense passion in Zorzi's designs can be seen in the deep incisions from which jut thick and brightly-coloured stones that seem to brutally dissect the original mass. One very successful work that reveals this tendency nevertheless shows a recovery of the above-mentioned lightness, at the same time as it hints at the possible recomposition of unitary form. This is the 1986 necklace made up of components that themselves become earrings and brooches (43). The silver pieces have nuances of nitre enamel, with their ill-defined structure being accentuated by fissures and incisions within which one glimpses areas of colour.
In later works, in fact, the artist returns to more geometrical structures, with the rigour of form often embodied in perfectly-balanced masses of materials. The continuity in his ideas can be seen in a number of brooches whose surfaces create a sense of movement through the accumulation of gold leaf; these call to mind some of his earliest works in silver, in which a single rod held together superimposed irregular shaped leaves that created an effect of continual fluctuation.

di bronzo, avrebbe continuato a sedurre la sua fantasia come dato necessario, indispensabile ai suoi progetti di forte impatto spaziale.

Piergiuliano Reveane, veneziano e con studi presso l'Istituto Statale d'Arte di Venezia, insegna presso l'Istituto Statale d'Arte «Pietro Selvatico» di Padova nel 1970 e quindi condivide le progettazioni del gruppo iniziale confrontandosi con operazioni che dal cinetismo si proiettano successivamente verso una geometria più statica. Intensa e originale è la sua esercitazione sull'articolazione di collane modulari che reiterano quadrati, cerchi, dove i giunti d'oro, che ne risolvono sia la mobilità che la tenuta, sono studiati con particolari interessanti accorgimenti (42).
Piuttosto che la frantumazione della forma Reveane cerca la movimentazione strutturale con minime alterazioni dei volumi: la sua geometria, quasi inavvertitamente, si volge verso la sperimentazione minimalista di cui darà significativi contributi.

Alberto Zorzi assume inizialmente il progetto cinetico con una serie di anelli di forma arrotondata nella cui cavità possono ruotare sfere d'oro e di ematite oppure fuoriuscire perni cilindrici di pietre dure dai colori vivaci. Una delle realizzazioni più intensamente cinetiche è data dall'intervento di un piano rettangolare di rosso spinello trasparente che attraversa una semisfera d'oro provocando plurime riflessioni che confondono la lettura con immagini intersecantisi.
Zorzi è un artista che pur aderendo alla progettualità del gruppo padovano, sente con forza la necessità di un proprio linguaggio che, forse inconsapevolmente, tralascia alcune fondamentali regole di quella cultura: la leggerezza, l'essenzialità, l'unitarietà del progetto. L'istanza di un turgido plasticismo lo conduce a masse auree di una volumetria interrotta da pietre dure che ne spaccano l'unità in una molteplicità di spezzoni privi dei riferimenti di una possibile ricomposizione formale. Una intensa passionalità si sprigiona da squarci evidenziati dall'inserimento aggettante delle pietre, dai colori vivi e dai grevi spessori, che creano vere e proprie vivisezioni della massa volumetrica. Un'opera molto riuscita, in questa sua esigenza di frattura materica, dove è ritrovata la leggerezza insieme all'indicazione della possibile ricomposizione unitaria, è una collana del 1986 costituita da parti che diventano spille e mono orecchino (43): i pezzi in argento su cui sfumano colorazioni di smalto nitro, hanno

42
Piergiuliano Reveane
Necklace (detail), yellow gold, niello, 1975

*Piergiuliano Reveane
Collana (particolare), oro giallo, niello, 1975*

Having graduated from the "Pietro Selvatico" in 1978, Pietro Zorzi is at present a teacher at that same institute as well as holding other teaching posts – for example, at the European Institute of Design in Milan.

strutture informali di cui è accentuata la plasticità con tagli e fessurazioni, dove, all'interno, si intravedono aree colorate.
Alla normativa geometrica l'artista ritornerà con opere posteriori, più strutturali, dove il rigore delle forme spesso ingloba masse materiche in perfetto equilibrio. Adotta alcune soluzioni originali con una serie di spille sulle cui superfici si concentrano lamelle d'oro, in un'apparenza di mobilità, che ricordano i suoi primi lavori in argento, costituiti da un asse attraversato da fogli sovrapposti, irregolari, capaci di rendere un effetto di costante fluttuazione.
Zorzi, diplomatosi all'Istituto Statale «Pietro Selvatico» nel 1978 e attualmente docente nello stesso, svolge incarichi didattici presso altre sedi tra cui l'Istituto Europeo di Design di Milano.

43

Alberto Zorzi
Necklace, brooch, earring, silver, niter enamel, 1986

Alberto Zorzi
Collana, spilla, orecchino, argento, smalto nitro, 1986

five Giampaolo Babetto and Minimalism in Padua. The 1970s.

cinque *Giampaolo Babetto e il Minimalismo a Padova. Gli anni Settanta.*

In this decade Kineticism seemed to have played out its innovative energy and risked falling off into mere mannerism. At this point Babetto began to concentrate upon three-dimensional forms envisaged as complete individual entities; the reiteration was no longer intended as a play upon shifting perspectives but as a sort of confirmation of unmistakable identity. The simple, independent forms were shorn of any sort of dialectic complexity, with meaning and significance residing solely in the very structure of the piece. In effect, the formal rigour achieved by Babetto reflects that to be seen in the work of such American artists as Donald Judd, Sol Le Witt, Carl Andre, Robert Morris and Dan Flavin from the 1960s onwards (44).
During the first half of the twentieth century, geometry had been the locus of problematic exploration, with movements such as Constructivism, Suprematism, Neo-Plasticism, Concrete Art, and Kinetic Art all aiming in one way or another to disassemble form. For its part, Minimalism was not a movement in this sense; it had no programme or manifesto. However, the term does serve to indicate that reduction to bare essentials that one can see in works which their creators defined as "specific objects", "structures" or "three-dimensional works". Babetto used the repetition of cubic forms, the perspective juxtaposition of cylinders and pyramids, and the axonometry of parallelepipeds to create brooches, rings and bracelets of intense purity of form. The simplicity of the composition itself was highlighted by the application of primary colour resins over smooth, uniform surfaces; and the stasis of the piece was literally outlined by the use of gold to rim the edges of the geometrical volumes. It was with these works that Babetto would win an important international award at the "1983 International Jewellery Art Exhibition" in Tokyo, which undoubtedly established him as one of the most important minimalist jewellery designers in the world (45). All in all, his work of this period could be said to bring together intensity of modelling with an architectural handling of space.
Minimalism in jewellery design had already made some headway, particularly in Holland: Babetto, who had held one-man shows in The Hague from 1974 onwards, would certainly have been aware of the work of Emmy van Leersum, who in the 1960s was already using simplified forms in her jewellery. However, the adaptation of such geometrical volumes to the shape of the body – a sort of interpenetration of the two – was something totally alien to Babetto's approach; similarly, the materials used by van

Nel decennio 1970-1980 Babetto supera il modello cinetico, che sembrava avere esaurito la sua azione innovativa con esercitazioni che rischiavano schemi manieristici, per concentrarsi su forme tridimensionali, isolate nella loro entità, spesso reiterate non come gioco di prospettive variabili ma come conferma di assoluta identità. Crea forme semplici, autonome, prive di ogni complessità dialettica, sciolte da ogni interpretazione o significato che non sia dato dalla stessa costruzione. Babetto inaugura una lezione di rigore formale di cui si rintracciano simili esempi nella cultura minimalista americana intorno agli anni Sessanta da parte di artisti quali Donald Judd, Sol Le Witt, Carl Andre, Robert Morris, Dan Flavin (44).
La geometria sembra spogliarsi di tutte le problematiche che l'hanno investita per oltre la metà del XX secolo, nella scomposizione costruttivista, suprematista, neoplastica, Art Concret, Arte Programmata e Cinetica. Il Minimalismo non è una corrente codificata, non vi sono manifesti né programmi a cui esso faccia riferimento, resta un termine che indica la riduzione essenziale delle opere definite, volta a volta, dagli stessi autori come «oggetti specifici», «strutture», «opere tridimensionali». La ripetitività delle forme cubiche, le prospettive di cilindri o piramidi, le assonometrie di parallelepipedi diventano con Babetto spille, anelli, bracciali d'intensa purezza. La semplicità compositiva trova accentuazione nella pigmentazione dei solidi con resine dai colori primari, distese lisce, uniformi: la resa statica è evidenziata da profilature d'oro che contornano i perimetri dei volumi. Con queste ultime opere Babetto vince nel 1983 un importante premio internazionale a Tokyo nella «1983 International Jewellery Art Exhibition», che certamente lo distingue tra gli autori minimalisti più importanti nel mondo (45). La sua opera vive di una intensa forza plastica e nel contempo si apre a spazi di valenza architettonica.
La cultura minimalista in gioielleria aveva già avuto modo di manifestarsi, in particolare in Olanda: Babetto, che aveva esposto nelle sue prime mostre monografiche a partire dal 1974 a Den Haag, certamente conosceva l'impianto minimalista delle opere di Emmy van Leersum che, già negli anni Sessanta, aveva ideato forme semplificate in cui l'assetto volumetrico tendeva però all'adattamento al corpo, a una sua quasi compenetrazione, concetto questo totalmente estraneo alla cultura di Babetto. I materiali usati dalla van Leersum erano essenzialmente ambigui perché trasparenti come laminati P.V.C. o lucenti come l'alluminio e

44

Giampaolo Babetto
Rings, yellow gold,
ebony, 1979

Giampaolo Babetto
Anelli, oro giallo,
ebano, 1979

Leersum were essentially ambiguous because either transparent – for example, PVC lamina – or highly polished – for example, aluminium or stainless steel (whose reflecting surfaces might be said to contradict the bare economy of Minimalism). Another important artist working in Holland at the time was Onno Boekhoudt. A teacher at the Rietveld Academy, he worked towards the total isolation of static three-dimensional forms, whilst the incisions, fissures or jutting components in his designs served to suggest the very complexity of the inner structure of the volumes.
For his part, Babetto's attempts to render static form totally eschewed resort to variations in structure or indications of inner dialectics; his aim was to achieve three-dimensional projections of geometrical figures. When there are minimal caesurae or highlights along one or two sides of his empty cubes, this partial revelation of inner structure is there to underline the inner stability of the solid (48).
Other important designers exploring the possibilities of Minimalism during the 1970s included Otto Künzli, who would later become a teacher at the Munich Academy of Fine Arts. In his pieces, absolute simplicity of form was intensified by the use of solid areas of single colours. One extraordinary exhibition at the Schmuckmuseum Pforzheim in 1979 brought together Künzli's work with that of Therese Hilbert, whose unique contribution to Minimalism in jewellery design involved the combination of a multiplicity of forms that were reduced to their bare essentials.
Munich was also the place where the Japanese artist Erico Nagai was producing significant work that brought together the Oriental tradition of economy in figuration and a marked inclination to geometrical abstraction.
There is no doubt that in Babetto's work one can see such Oriental influences, along with those originating from the experimental work of the Bauhaus and the later creations of the Munich Academy. However, viewed within a cultural context where artists seemed to be striving for the greatest simplification of means of expression, one can also see Babetto's designs as exemplifying a Classical vision, as inspired by the same sense of measure one finds in Renaissance goldwork (47). The rarefied quality of the design is particularly clear in the use of gold itself, which in the minimalist works is treated as a dense material shorn of its surface qualities of shininess and brightness (qualities of which Babetto had already shown himself a past master). In these works, such limitations are imposed on the metal with the clear intention of emphasising severe purity of form.

l'acciaio inossidabile le cui riflessioni specchianti contraddicevano le ipotesi di un puro Minimalismo. Sempre in Olanda un altro importante artista, Onno Boekhoudt, docente all'Accademia Rietveld, operava nell'intento di un totale isolamento statico delle forme tridimensionali: nei suoi solidi apparivano tagli, fenditure o elementi aggettanti che suggerivano complesse annotazioni sugli spessori interni alle volumetrie.
Gli interventi di Babetto per rendere la staticità delle forme esulano da segni dialettici o da variazioni costruttive, sempre limitati alla semplice proiezione delle figure geometriche. I segmenti tracciati come minime cesure o profilature su uno o due lati di cubi vuoti, di cui si rivela parzialmente l'interna struttura, sono elementi di rafforzamento della stabilità dei solidi (48).
Sempre intorno agli anni Settanta la cultura minimalista ha altri interpreti di grande importanza: Otto Künzli, artista e poi docente presso l'Accademia di Belle Arti di Monaco di Baviera, dà rilievo a forme di assoluta semplificazione, intervenendo anche con colori unitari che ne amplificano l'intensità. Da ricordare la straordinaria mostra del 1979 al Schmuckmuseum Pforzheim che affiancava l'opera di Künzli a quella di Therese Hilbert, un raro contributo al Minimalismo in gioielleria dove la molteplicità delle forme era pari alla loro essenziale contrazione formale.
Sempre a Monaco, è significativo il lavoro dell'artista giapponese Erico Nagai capace di coniugare l'atavica tradizione orientale della riduzione figurativa con un accentuato ricorso all'astrazione geometrica.
Certamente a Babetto si rivelano contaminazioni culturali orientali miste alle novecentesche sperimentazioni germaniche del Bauhaus nonché alle molteplici esemplificazioni espresse dall'Accademia di Monaco, ma le sue opere, pur nel contesto di una cultura contemporanea votata alla massima semplificazione espressiva, s'inseriscono in una visione classica che riconduce i suoi modelli ai valori della misura aurea rinascimentale (47). L'incidenza progettuale, tradotta nella più sofisticata rarefazione dell'immagine, è enfatizzata dal particolare uso dell'oro, che, nelle opere minimaliste, assume una densità priva delle tipiche proprietà del metallo quali la lucentezza, la brillantezza, qualità di cui Babetto è considerato insuperato interprete: la limitazione è volutamente perseguita dall'artista per dare maggiore valenza alla severa purezza del solido.

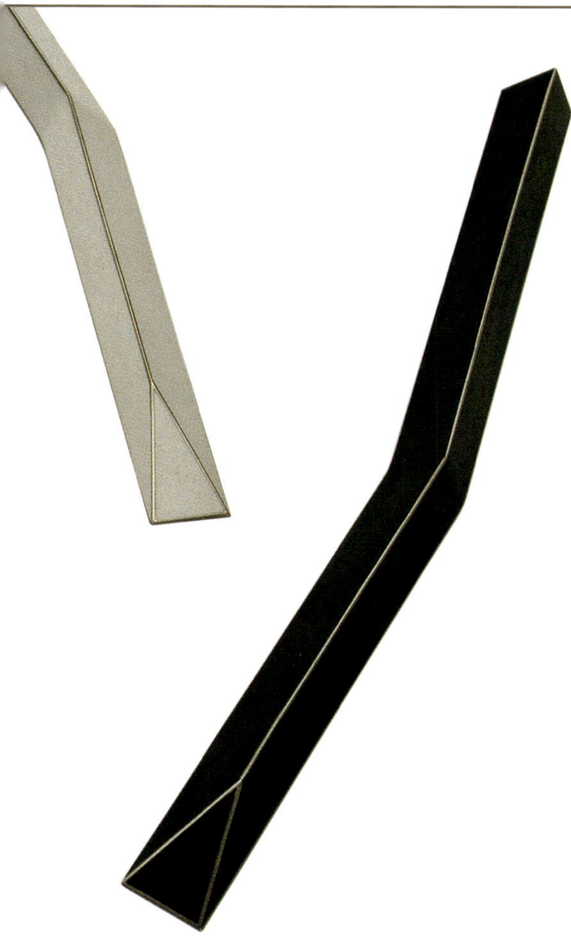

45
Giampaolo Babetto
Brooches, yellow gold, resin, 1984
*Giampaolo Babetto
Spille, oro giallo, resina, 1984*

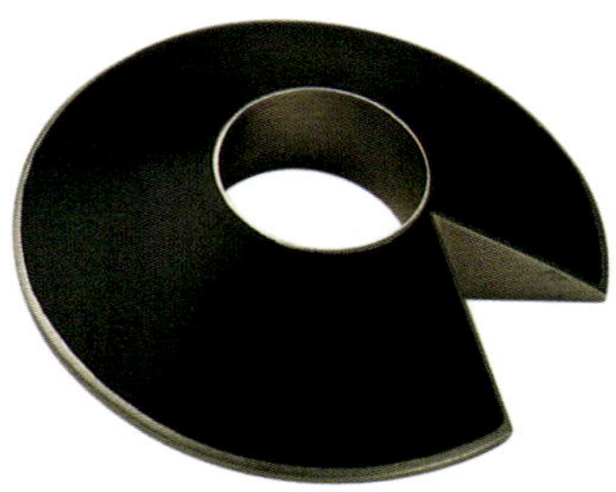

46
Giampaolo Babetto
Ring, yellow gold, resin, 1984
*Giampaolo Babetto
Anello, oro giallo, resina, 1984*

47
Giampaolo Babetto
Bracelet, yellow gold, ebony, 1976
*Giampaolo Babetto
Bracciale, oro giallo, ebano, 1976*

48
Giampaolo Babetto
Brooch, yellow gold, 1987
*Giampaolo Babetto
Spilla, oro giallo, 1987*

six The Influence of Minimalism on certain Designers in the 1970s and 1980s.

Graziano Visintin Giorgio Cecchetto Piergiuliano Reveane

sei *Influenza della cultura minimalista su alcuni autori. Gli anni Settanta e Ottanta.*

Graziano Visintin Giorgio Cecchetto Piergiuliano Reveane

Like Mario Pinton and Francesco Pavan, Giampaolo Babetto was to prove an inspiring teacher, capable of communicating to his students ideas and theories that they absorbed and developed in accordance with their own artistic sensibilities.

Amongst Babetto's pupils, Graziano Visintin is the one who shows the greatest originality in developing ideas with regard to the simplification of overall design.
Visintin's volumes are shorn of mass and weight, with the artist creating empty schema of constructed solids, along which may run portions of cubes or pyramids (49). Whilst Babetto's work recalls Donald Judd's economy in rendering the bare essentials of reiterated forms, Visintin reminds one of Sol De Witt's framework constructions, in which the enclosed space itself is defined as a formal entity (50). Rods of yellow gold, together with diagonals of white gold, are used to create dematerialised prismatic forms, shining line drawings. This handling of form and materials to achieve the highest level of rarefaction followed on from earlier works in which the predominant features were solid, geometrical surfaces – for example, squares of black ebony with the single insert of a yellow gold triangle – or primary forms created through the scaled juxtaposition of gold and ebony rectangles one above the other (55, 56). Eschewing all manner of dialectic in composition, these forms were purely Euclidean, rendered through the manipulation of elementary geometrical rules.
In the 1980s Visintin would start to create brooches from parallel lines composed of segments of different thickness and metals – white and yellow gold. The central segment that runs through them, holding them together, might at first strike one as a caesura in the object; but in fact it serves to emphasise the possible infinite extrapolation of the parallel lines (51).
The artist also makes a very original use of form-as-process, creating pieces in which visual ambiguity gives rise to the geometrically impossible. The prismatic segmentation in the specially-designed hinges of square bracelets and hexagonal necklaces creates distorted images that subvert the geometrical precision which underpins the whole (52).
Movement is used in some of his works, but not in the way it was within the pieces inspired by Kineticism. Volumes shift along the prism frameworks of brooches, or numerous thin lozenges within necklaces can tangle together in interwoven threads (without any sort of

Giampaolo Babetto, come Mario Pinton e Francesco Pavan, si rivela grande docente, capace di trasmettere la sintesi della sue teorie ad allievi che, pur penetrandone e condividendone i significati, mantengono una propria autonoma capacità espressiva.

Graziano Visintin, tra gli allievi di Giampaolo Babetto, benché ne assimili il pensiero, è colui che maggiormente svela una totale originalità interpretativa nell'azione semplificatrice dell'immagine.
Visintin pur lavorando sulla volumetria agisce svuotandone la massa, privilegiando schemi vuoti di solidi costruiti con segmenti su cui, eventualmente, fare scorrere porzioni di piramidi o cubi (49). Se Babetto ci ricorda l'essenzialità delle forme reiterate di Donald Judd, Visintin ci richiama le perimetrali costruzioni di Sol Le Witt dove sono gli spazi a definirsi come entità formali (50). Tratti lineari d'oro giallo, nella cui composizione intervengono tracciati diagonali d'oro bianco, disegnano forme prismatiche totalmente smaterializzate e trasformate in grafie lucenti. Questa fase di contrazione formale vissuta come massima rarefazione materica fa seguito alle opere del suo esordio caratterizzate da geometrie piane, neri quadrati d'ebano su cui s'inserisce un triangolo di oro giallo oppure, sempre su forme primarie, la sovrapposizione scalare di rettangoli in ebano e oro (55, 56). La purezza delle forme euclidee, prive di qualsiasi dialettica compositiva, s'impone per la semplice resa di elementari regole geometriche. Le soluzioni adottate negli anni Ottanta determinano spille formate da tracciati paralleli dove i segmenti si alternano per diversità di spessori e per differenziazione dei metalli, oro bianco e oro giallo, attraversati orizzontalmente e fissati insieme da un segmento centrale, apparentemente una cesura che invece ne evidenzia il parallelismo che sembra proiettarsi all'infinito (51).
Originale è l'uso che Visintin fa dell'elaborazione delle forme che si risolvono nell'ambiguità visiva prospettandosi come geometrie impossibili: segmentazioni prismatiche che nei particolari snodi di bracciali quadrangolari o collane esagonali creano immagini distorte, in una lettura straniante rispetto alla presupposta precisione geometrica (52).
La lezione del movimento, estraneo a soluzioni cinetiche, resta presente in alcune sue opere: si realizza nello spostamento di volumi lungo traiettorie di prismi svuotati in una serie di spille, oppure interviene in collane composte da plurime sottili losanghe che, nonostante la totale assenza di giunti o perni, possono

49

Graziano Visintin
Brooch, yellow gold, white gold, 1982

Graziano Visintin
Spilla, oro giallo, oro bianco, 1982

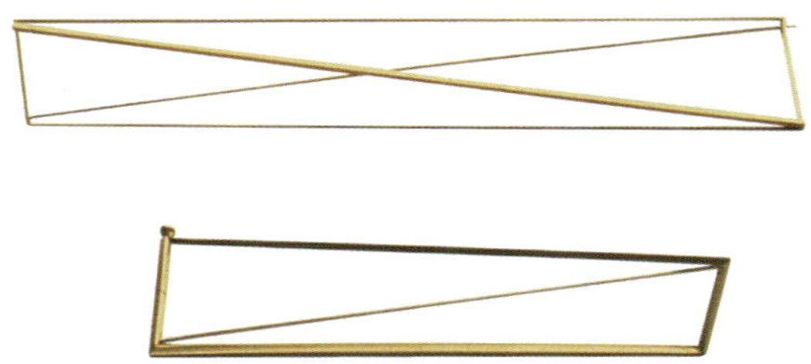

50

Graziano Visintin
Brooch and earring, yellow gold, 1985

Graziano Visintin
Spilla e orecchino, oro giallo, 1985

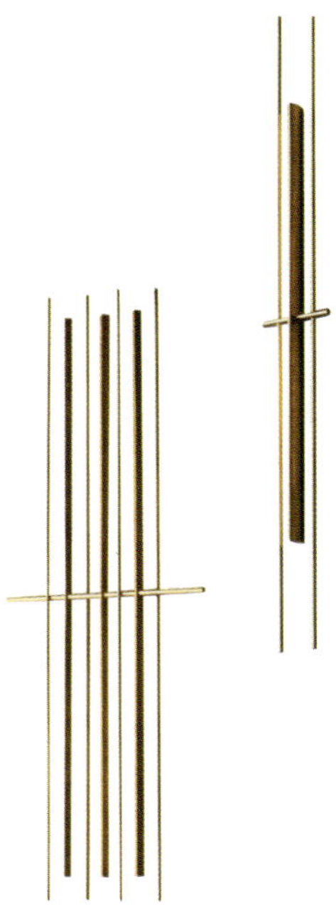

51

Graziano Visintin
Brooches, yellow gold, white gold, 1986

Graziano Visintin
Spille, oro giallo, oro bianco, 1986

52

Graziano Visintin
Bracelet, yellow gold, ivory, 1981

Graziano Visintin
Bracciale, oro giallo, avorio, 1981

53
Graziano Visintin
Ring, yellow gold, 1983
Graziano Visintin
Anello, oro giallo, 1983

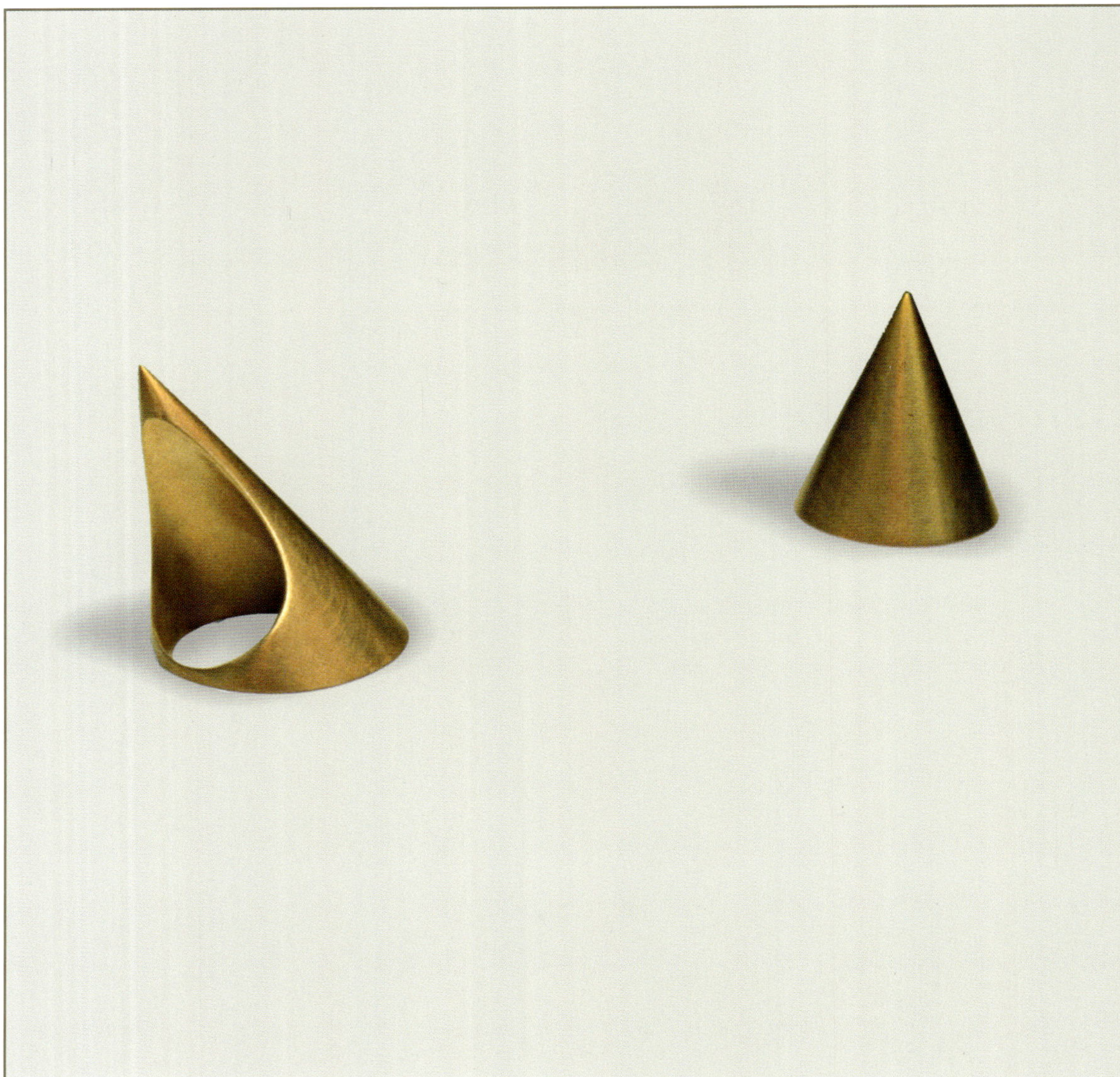

54
Graziano Visintin
Ring and brooch, yellow gold, white gold, 1984
Graziano Visintin
Anello e spilla, oro giallo, oro bianco, 1984

55
Graziano Visintin
Brooch, yellow gold, ebony, 1974

Graziano Visintin
Spilla, oro giallo, ebano, 1974

56
Graziano Visintin
Brooches, yellow gold, ebony, 1975

Graziano Visintin
Spille, oro giallo, ebano, 1975

57
Graziano Visintin
Necklace, yellow gold,
1990

Graziano Visintin
Collana, oro giallo,
1990

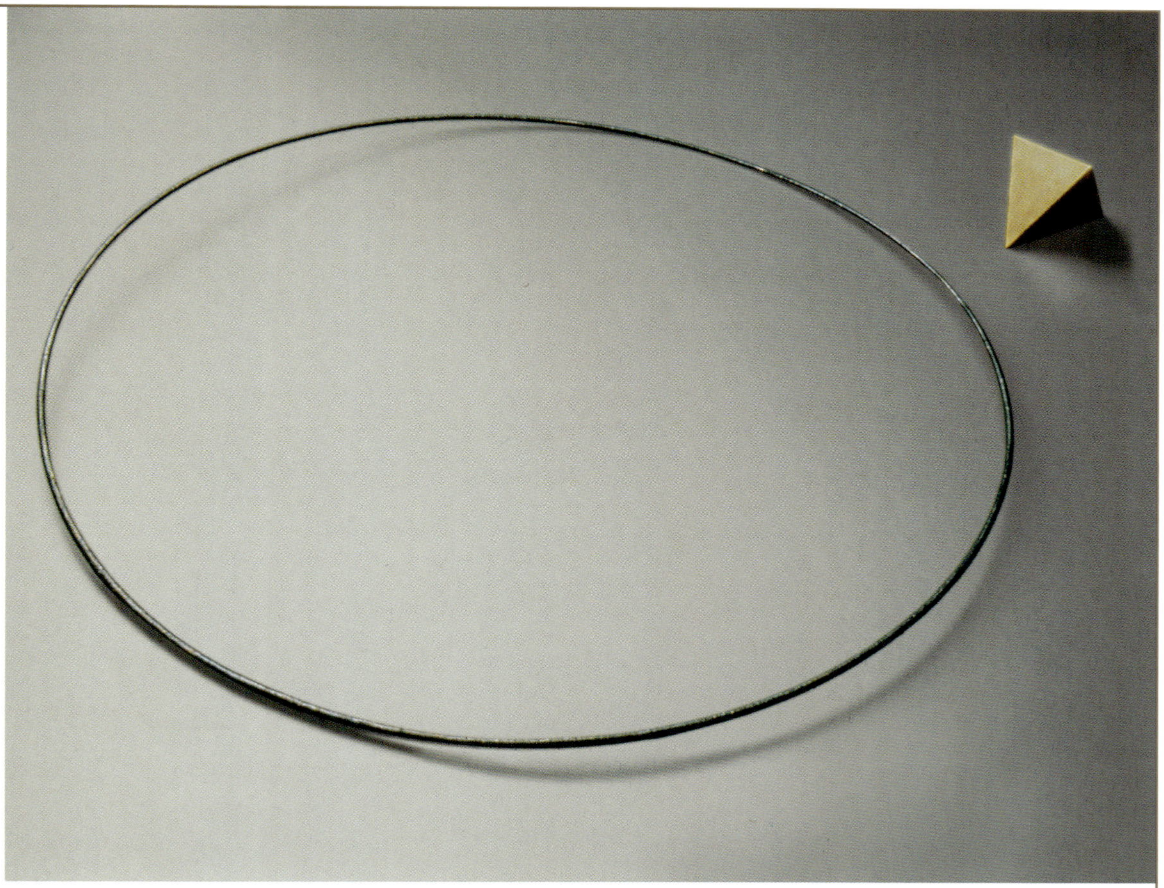

58

Graziano Visintin
Necklace, yellow gold, 1994

Graziano Visintin
Collana, oro giallo, 1994

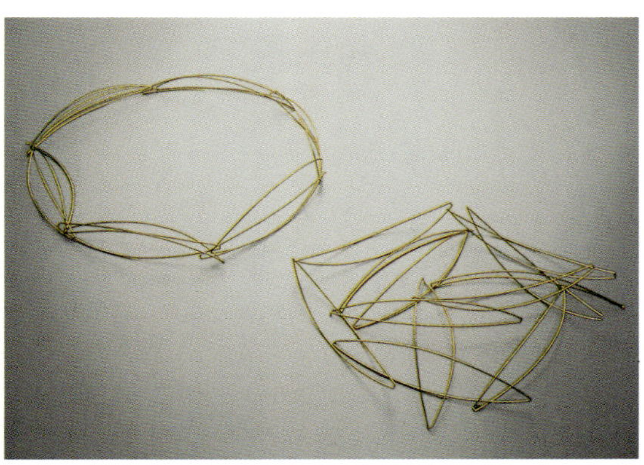

59

Graziano Visintin
Necklace in two different positions, yellow gold, 1987

Graziano Visintin
Collana in due diverse posizioni, oro giallo, 1987

[1] *Giorgio Cecchetto, Collective Exhibitions – Gemeinschaftsausstellungen 1992*

structural resort to hinges or joints) (59). Motion is also employed discreetly in the later works, with cubes of niellated gold running along large necklaces of thin metal wire, offering a sort of projection of their own geometrical variations. Visintin's work not only confirms the key role of geometry in the artistic language of the Padua School, but also that extreme lightness of touch which is a distinguishing feature of each and every artist within it. Perhaps one of the greatest examples of this lightness can be seen in the use of shaped segments that function as elongated or flattened prisms to circumscribe an empty space, thus transforming rarefied gold into a locus of light (54, 57, 58).
Significantly, the "1983 International Jewellery Art Exhibition" of the 5th Tokyo Triennale that awarded First Prize to Giampaolo Babetto, also rewarded Visintin's work with Second Prize (53). This might be taken as a recognition that these two artists of the minimalist aesthetic achieve the same absolute economy of form through very different styles and techniques.

Babetto's pupil at the "Pietro Selvatico" from 1972 to 1977, and thereafter a long-time collaborator with his workshop, Giorgio Cecchetto is an artist whose vision of Minimalism focuses on the plastic handling of volume, within which movement functions as an expression of inner energy. The series of bracelets and necklaces of 1985 uses volumes in such a way that the mechanics of articulation are much less visible than the simple weight of the solids, emphasising that it is that mass which is the source of the energy generating movement (60, 61). Cecchetto likes to isolate individual parts; the surfaces are enclosed by jutting frames, and areas of chiaroscuro are created through linear traces across surfaces of nickel silver, silver and gold. Whilst maintaining their essential self-composure, forms acquire something of the organic; they are no longer precise, geometrical shapes but images imbued with a sort of vibrant vital energy. Movement now does not serve to make form ambiguous through a variety of possible perspectives; it embodies the creative energy of the piece. The artist uses it to emphasise what might be taken as dilations and contractions within the work; and the resultant harmony is that of the world of living things. There is a natural development of inner energies that results in perfect growth of form. Cecchetto himself has said: "Every single form should bear within it the vital energy of that which is being transformed."[1]
In the more recent works, however, this organic

agglomerarsi in fili intrecciati come gomitoli (59). Del moto fa uso sempre discreto in opere più tarde, ampie collane di sottile filo metallico su cui fare scorrere cubi d'oro niellati visibili nelle loro proiezioni prospettiche. Visintin conferma non solo il linguaggio geometrico, come sigla della cultura padovana, ma anche la sua estrema leggerezza che ogni autore interpreta con proprie personali soluzioni. L'uso di segmenti modulati come prismi allungati e appiattiti che circoscrivono il vuoto, fa della rarefatta materia aurea, trasformata in spazio luminoso, una massima interpretazione della leggerezza (54, 57, 58).
E' rilevante come nella 5a Triennale di Tokyo, «1983 International Jewellery Art Exhibition», che assegna il primo premio a Giampaolo Babetto, Visintin ottenga il secondo premio (53): non è solo un riconoscimento a due artisti entrambi operanti nell'ambito della cultura minimalista, ma l'evidenziazione della loro diversità stilistica e tecnica nel raggiungimento dell'assolutezza minimale delle forme.

Giorgio Cecchetto, allievo di Babetto all'Istituto «Pietro Selvatico» dal 1972 al 1977, collaboratore per anni nel suo atelier, è un artista che nella ideazione minimalista accentua la valorizzazione plastica dei volumi integrandone il moto come loro interna pulsione. Nei lavori del 1985, con il susseguirsi delle immagini volumetriche in collane o bracciali, elimina la visibilità degli elementi meccanici atti all'articolazione mentre rafforza il peso come massa energetica dei solidi (60, 61); ama isolarne parti, sensibilizzandone le superfici con profilature aggettanti, con minime tensioni regolate da linearità che tracciano spazi chiaroscurali sui metalli quali l'alpacca, l'argento, l'oro. Le forme, pur mantenendo la compostezza essenziale, acquisiscono segni, lineamenti che appaiono definirsi nel regno dell'organico, non più rigorosamente riconducibili a precise figurazioni geometriche, ma a immagini pregne di una interna vibrazione vitale. Il moto non tende ad alienare la forma attraverso la molteplicità delle variazioni, ma ne diventa la forza propulsiva creatrice. L'artista opera nella consapevolezza di dare impulsi motori all'interno dell'opera, esaltandone le dilatazioni e le contrazioni in un risultato armonioso dove la trasformazione vorrebbe essere quasi biologica, un naturale sviluppo di forze interne che pervengono alla perfetta maturazione formale. E' sua l'affermazione: «Ogni forma realizzata deve recare in sé la forza vitale di ciò che si trasforma».[1]
Le opere recenti appaiono meno contrassegnate dalla necessità di un apparentamento organico;

60
Giorgio Cecchetto
Necklace, yellow gold, silver, 1981

Giorgio Cecchetto
Collana, oro giallo, argento, 1981

61
Giorgio Cecchetto
Ring, yellow gold, 2002

Giorgio Cecchetto
Anello, oro giallo, 2002

62
Giorgio Cecchetto
Bracelet, silver, 1985

Giorgio Cecchetto
Bracciale, argento, 1985

appearance seems to be a slightly less compelling need; the forms have become more rigid, with surfaces being richly inscribed. A series of rings consists of simple bands that overlap to delimit the space of the finger but without an interruption to their own balanced continuation; the inscriptions and marks upon them might be a reference to the natural world, but could also be some mysterious inscriptions from gold tablets (62).

Linked with the Padua Group since the 1970s, Piergiuliano Reveane originally produced works inspired by Kineticism, with very interesting bracelets and necklaces made of modular compositions. However, thereafter, he moved beyond Kineticism, drawing closer to the Minimalism of Giampaolo Babetto. Inventive design in a very beautiful series of yellow gold bracelets with red or black resin means that the pieces can be split either totally or partially (64); whilst the simple rings with alternating bands of yellow gold and red resin are sharply modelled pieces in which the cylindrical form is underlined by small incisions, highlighted in one of the two materials. Other interesting pieces include brooches in which oxidised copper forms – providing a delicate range of colours from turquoise to green – project as the shadow of an identical form in yellow gold (63). Reveane's work of the 1970s and 1980s reveals a clear predilection for two-dimensional forms with marked outlines, using primary colours to frame yellow gold.

le forme sono più rigide e al contempo ricche di grafie sulle superfici. L'artista realizza una serie di anelli, semplici fasce che, incrociandosi, delimitano lo spazio per il passaggio del dito, proseguendo in un proprio equilibrato percorso: i segni grafici potrebbero essere ancora una citazione naturalistica, o semplici tratti di una misteriosa comunicazione tracciata su tavolette auree (62).

***Piergiuliano Reveane, legato** alle progettazioni del gruppo padovano sin dagli anni Settanta con operazioni cinetiche di cui ha dato soluzioni molto interessanti soprattutto con originali aggregazioni degli elementi modulari di bracciali e collane, supera l'esperienza cinetica accostandosi alla cultura minimalista del collega Giampaolo Babetto.*
***Molto bella la** serie di bracciali in oro giallo con interventi di resina rossa o nera che, con sottili accorgimenti, possono sdoppiarsi o distaccarsi parzialmente (64); d'incisiva forza plastica i semplici anelli a fascia, nell'alternanza di oro giallo o di resina rossa, dove la forma cilindrica è rafforzata da minimi tagli, indicati scambievolmente in resina rossa e in oro giallo. Interessanti le spille di rame ossidato, con delicate colorazioni dal turchese al verde, che si proiettano come ombre, duplicazioni delle identiche forme d'oro giallo (63). Le opere tra gli anni Settanta e gli anni Ottanta segnano una predilezione per immagini bidimensionali con profilature, incorniciature di colori primari sull'oro giallo.*

63

Piergiuliano Reveane
Brooch, yellow gold, oxidized copper, 1989

*Piergiuliano Reveane
Spilla, oro giallo, rame ossidato, 1989*

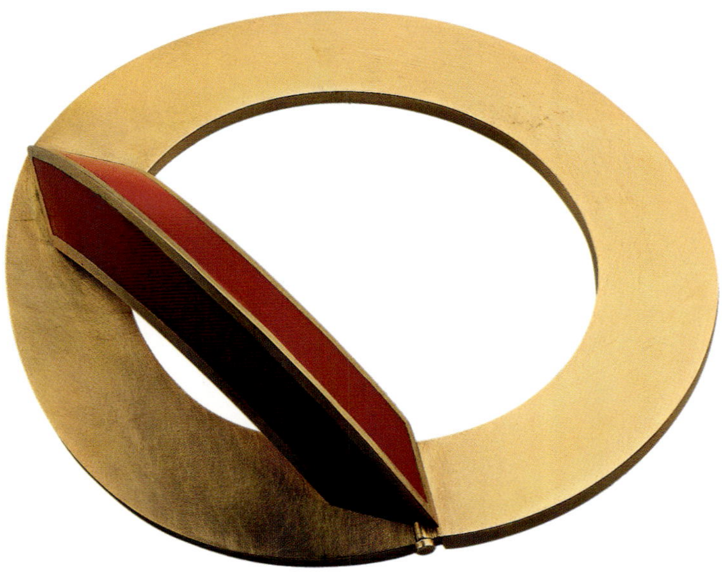

64

Piergiuliano Reveane
Bracelet, yellow gold, red resin, 1986

*Piergiuliano Reveane
Bracciale, oro giallo, resina rossa, 1986*

seven Beyond Geometrical Models. Experimentation in the 1980s.

The Focus on Materials: Francesco Pavan.
Historical Reference in Figurative Designs: Giampaolo Babetto

sette *La sperimentazione oltre il modello geometrico. Gli anni Ottanta.*

Il materismo di Francesco Pavan.
Il Figurativismo come citazione storicistica di Giampaolo Babetto

Pavan's indefatigable exploration of the possibilities offered by different metals would, in the mid-1980s, lead to a radical transformation of the geometrical language he had been employing for nearly twenty years; mathematical rules would be replaced by free-form creations. This move towards a destructuring of form resulted from the discovery of the expressive possibilities to be achieved through the 'fracturing' of metals. The beginning of this change might be identified in certain works of 1982, in which the basic inspiration of the design is still largely kinetic. Dedicated to Jesus Raphael Soto (68, 69), these three brooches are made up of square bases from whose sides project thin parallel wires of yellow gold that are then arched to form transparent solids: a sphere, a cone, a tetrahedron. As the light falls through the minute laminae that thence define the shape, it strikes an ever-changing range of reflections off the gold, creating effects that are at times velvety and muted, at times sharply defined. This reduction of gold to waferthin segments was followed up using different metals – nickel silver, copper, silver – which were sectioned to create a multiplicity of forms that were then welded together to create a new substance, which the artist himself refers to as a 'fabric' (70). This 'fabric' was modelled to create volumes and forms, with constant chromatic variations resulting from the fusion of fragments of different metals. In the first such works, these parts were organised according to exact, serial designs, but in the later pieces, their layout is more free-form, achieving effects that recall brushstrokes and mottling. No longer subject to geometrical form, the laminae can now be rolled like sheets of paper, loosely folded together like lengths of fabric, or used to model what look like sections of corrugated cardboard and metallic honeycomb (65, 66, 67, 73, 74). In effect, Pavan explores the infinite chromatic possibilities of metals, achieving a graphic complexity that recalls the great works of Abstract Expressionism as exemplified in the art of Jackson Pollock. However, the artist does not become totally inebriated with this new freedom of expression, given that in his use of this new chromatic 'fabric' Pavan alternates between free gestural forms and rigorous geometrical structures. The inventiveness and extraordinary technical achievement of this rich period of work would have a deep effect upon the younger artists of the Padua School.
This innovation in Pavan's artistic language occurred at the same time as another important development within the Padua School, when –

L'instancabile sperimentazione sui metalli conduce Pavan, a metà degli anni Ottanta, a modificare profondamente il precedente quasi ventennale linguaggio geometrico, verso la sospensione della normativa matematica per soluzioni dal carattere informale. Il passaggio alla libera destrutturazione della forma nasce dalla scoperta delle possibilità espressive provocate dalla frantumazione dei metalli. Si può congetturare che l'ideazione nasca con alcune opere del 1982, idealmente di impostazione cinetica: sono tre spille di base quadrata, dai cui lati si dipartono sottili fili paralleli d'oro giallo che, improvvisamente, subiscono una tensione aggettante che le connota come solidi trasparenti, una sfera, un cono, un tetraedro; la luce che attraversa le minime lamine allineate nella distensione volumetrica rende l'oro continuamente cangiante in una varietà di riflessi ora vellutati, ora setosi, ora netti. Le opere sono ispirate e dedicate a Jesus Raphael Soto (68, 69). La segmentazione materica dell'oro, ridotto in segmenti sottilissimi, sembra precedere la successiva ricerca sulla parcellizzazione di altri metalli, l'argento, l'alpacca, il rame, sezionati in una molteplicità di forme e poi fusi insieme a creare una nuova, imprevedibile sostanza, denominata dall'autore «tessuto» (70). Pavan costruisce i suoi volumi con questo «tessuto», la cui forza plastica subisce una costante variabilità derivata dalle intense cromie espresse dalla fusione dei frammenti metallici, che nei primi lavori sono organizzati in disegni esatti, seriali, rigorosamente programmati. Successivamente le aggregazioni metalliche sfuggono al rigore progettuale componendosi in imprevedibili associazioni di una libertà segnica che va dall'effetto della maculazione a quello della pennellata. Tale è la forza di questa libera scrittura che le lamine, non più necessitate ad assoggettarsi alla formulazione geometrica, possono espandersi in forme arrotolate come fogli, cadenti come tessuti intrecciati, modulate come cartoni assembrati, strutturate come reperti alveolari metallici di produzione industriale (65, 66, 67, 73, 74). Pavan scopre le possibilità infinite delle cromie metalliche di cui sperimenta complessità grafiche quasi pittoriche, richiamandosi alla grande stagione dell'espressionismo astratto americano, in particolare a Jackson Pollock. L'ebbrezza della libertà espressiva non ha mai il sopravvento in quanto Pavan ama alternare la conformazione di questa sostanza cromatica sia nella licenza di forme gestuali sia nel rigore della struttura geometrica. E' una stagione meravigliosa questa per ricchezza inventiva e

65

Francesco Pavan
Two brooches, "Fabric", red gold, silver, copper, 1989

Francesco Pavan
Due spille, «Tessuto», oro rosso, argento, rame, 1989

66

Francesco Pavan
Bracelet, "Tissue", red gold, silver, argentan, 1989

Francesco Pavan
Bracciale, «Tessuto», oro rosso, argento, alpacca, 1989

67

Francesco Pavan
Brooch, "Fabric", red gold, silver, argentan, 1988

Francesco Pavan
Spilla, «Tessuto», oro rosso, argento, alpacca, 1988

68
Francesco Pavan
Brooch, "Lamellar sphere. Homage to Raphael Soto", red gold, 1982

Francesco Pavan
Spilla, «Lamine a sfera. Omaggio a Raphael Soto», oro rosso, 1982

69 / right / a destra
Francesco Pavan
Brooch, "Lamellar cone. Homage to Raphael Soto", red gold, 1982

Francesco Pavan
Spilla, «Lamine a cono. Omaggio a Raphael Soto», oro rosso, 1982

70
Francesco Pavan
Brooch, "Cube Fabric", red gold, silver, copper, argentan, 1985

Francesco Pavan
Spilla, «Tessuto-cubo», oro rosso, argento, rame, alpacca, 1985

71 / right / a destra
Francesco Pavan
Brooch, "Pyramid Fabric", red gold, silver, argentan, copper, 1985

Francesco Pavan
Spilla, «Tessuto-piramide», oro rosso, alpacca, rame, 1985

72
Francesco Pavan
Brooch, "Cylinder Fabric", red gold, silver, argentan, 1985

Francesco Pavan
Spilla, «Tessuto-cilindro», oro rosso, argento, alpacca, 1985

73

Francesco Pavan
Brooch, "Modular alveoli", red gold, silver, copper, argentan, 1986

Francesco Pavan
Spilla, «Alveoli modulari», oro rosso, argento, rame, alpacca, 1986

74

Francesco Pavan
Brooch, "Fabric", red gold, silver, copper, argentan, 1988

Francesco Pavan
Spilla, «Tessuto», oro rosso, argento, rame, alpacca, 1988

75

Giampaolo Babetto
Brooch, "Cherub", yellow gold (inspired by a work by Pontormo, Poggio a Caiano, Firenze), 1990

Giampaolo Babetto Spilla, «Putto», oro giallo (da Pontormo, Poggio a Caiano, Firenze), 1990

76

Giampaolo Babetto
Brooch, "Angel", yellow gold (inspired by a work by Pontormo, S. Felicita, Firenze), 1991

Giampaolo Babetto Spilla, «Angelo», oro giallo (da Pontormo, S. Felicita, Firenze), 1991

77

Giampaolo Babetto
Ring, yellow gold, copper (inspired by a work by Pontormo, Poggio a Caiano, Firenze), 1991

Giampaolo Babetto
Anello, oro giallo, rame (da Pontormo, Poggio a Caiano, Firenze), 1991

78

Giampaolo Babetto
Ring, yellow gold, copper (inspired by a work by Pontormo, Poggio a Caiano, Firenze), 1991

Giampaolo Babetto
Anello, oro giallo, rame (da Pontormo, Poggio a Caiano, Firenze), 1991

79

Giampaolo Babetto
Brooch, "Dead Christ", white gold, pigment (inspired by a work by Pontormo, Certosa del Galluzzo, Firenze), 1995

Giampaolo Babetto
Spilla, «Il Cristo morto», oro bianco, pigmento (da Pontormo, Certosa del Galluzzo, Firenze), 1995

at the height of his minimalist phase – Giampaolo Babetto began to explore the possibilities of figurative art. Various explanations might be advanced for this artist's shift from the pure logic of abstraction to figurative works rich in reference to the past. Perhaps the key influence was the early figurative pieces produced by Babetto's teacher, Mario Pinton, or perhaps one should see the change as reflecting that Post-Modernist shift of the late 1980s, when artists broke free of the abstraction that had dominated the visual arts for more than half a century and turned to explore the works of the Renaissance and Baroque past.

The artist who would be a revelation for Babetto was Jacopo Carrucci, better known as Pontormo, in whose work the Padua designer saw a combination of Classical form and that dark sense of torment which was to play such a part in Mannerism. From the "Vertumnus and Pomona" frescoes of Poggio a Caiano (painted from 1519 to 1521), Babetto took a single frond, leaf or fall of drapery, which he then transformed into rings and earrings, at the same time as reproducing in gold all the ambiguous nudity of the charming cherubs and putti (75, 80). The 1523 frescoes in the cloisters of the Charterhouse of Galluzzo would be the inspiration for brooches that capture the delightful modelling of the legs in a boldly stepping pageboy, whilst the "Annunciation" fresco in the Capponi Chapel of the church of Santa Felicita in Florence (1527-1528) would provide the swirling image of the angel (76). As for the "Lament of the Dead Christ" (1523-1525), there Babetto would take his inspiration from the figure of Christ himself, which is rendered with an expressionistic and dramatic intensity that seems more at home in German and Flemish, rather than Italian painting (79). However, this new vein of experimentation with the figurative also involved the artist in the exploration of new materials beside gold; and, even more importantly, the colours used were no longer applied in uniform even fields – as in the minimalist works – but in clots and impasto; see, for example, the intense blue of the coloured earth used in rendering the sheet wrapped around the dead Christ. This thick, grainy colour would become a fundamental feature of the next stage of Babetto's work, when he moved from the figurative back to the geometric – without, however, abandoning emotional and dramatic power.

per ineguagliabile tecnica, una sperimentazione che avrà ampie risonanze nell'ambito della Scuola padovana presso le più giovani generazioni.

***L'innovazione del** linguaggio di Pavan si realizza contemporaneamente a un altro importante mutamento nell'ambito della sperimentazione padovana a opera di Giampaolo Babetto che, proprio all'apice della sua stagione minimalista, affronta la figurazione. Svariate possono essere le ragioni che hanno temporaneamente allontanato l'autore dalla logica purezza astratta per una scelta di raffigurazione di stampo citazionista: forse è la memoria delle originarie forme figurative delle creazioni giovanili del maestro Mario Pinton; oppure è la partecipazione alla cultura postmoderna, diffusasi alla fine degli anni Ottanta nelle arti visive a cui aderirono molti pittori, scultori, architetti, liberati dalle costrizioni astratte di oltre mezzo secolo, interessati al confronto con il grande passato rinascimentale e barocco.*
***Babetto è folgorato** dal grande pittore Jacopo Carrucci, detto il Pontormo, di cui coglie nella purezza delle forme classiche i segni di un oscuro tormento che aprirà la stagione manieristica. Dagli affreschi di Poggio a Caiano, «Vertumno e Pomona», eseguiti tra il 1519-1521, Babetto isola una fronda, una foglia, un drappo che trasforma in anelli e orecchini; riproduce i leziosi e leggiadri angioletti o putti di cui coglie nella grazia dorata l'ambigua nudità (75, 80). Dagli affreschi del chiostro della Certosa del Galluzzo del 1523 evidenzia in spille l'elegante baldanza del passo di un paggio nella definizione dell'amabile fattura delle gambe. Dall'affresco dell' «Annunciazione» nella Cappella Capponi della chiesa di Santa Felicita a Firenze del 1527-1528 estrapola un angelo cogliendone l'immagine vorticosa (76). Riproduce dalla scena del «Compianto sul Cristo morto», del 1523-1525, la figura del Cristo di cui coglie la tragica drammaticità espressionista che appare d'ispirazione piuttosto tedesca o fiamminga che italiana (79). La sperimentazione figurativa costringe Babetto a una indagine su nuovi materiali, oltre l'oro, ma soprattutto lo conduce alla scelta di colori, non più netti e uniformi, come nelle opere minimaliste, ma grumosi, materici come l'intenso blu di terra colorata del telo che avvolge il Cristo morto. Questo colore granuloso, pastoso diventa un dato fondamentale nel periodo successivo del suo lavoro, dopo la parentesi figurativa, nel suo ritorno alla prassi geometrica che non potrà più essere esente da implicazioni emotive.*

80
Giampaolo Babetto
Brooch, yellow gold (inspired by a work by Pontormo, Poggio a Caiano, Firenze), 1995

Giampaolo Babetto
Spilla, oro giallo (da Pontormo, Poggio a Caiano, Firenze), 1995

eight The New Generation of Artists. The 1990s.

Giovanni Corvaja Maria Rosa Franzin Stefano Marchetti Annamaria Zanella

otto *Artisti dell'ultima generazione. Gli anni Novanta.*

Giovanni Corvaja Maria Rosa Franzin Stefano Marchetti Annamaria Zanella

Continuing the example of decades of innovative work, the last ten years of the twentieth century saw a generation of young artists introduce new motifs and ideas into jewellery-design in Padua.
The different languages developed by each seemed to flow together into a coherent whole, with even the most striking contrasts and variations interacting to produce work of quite remarkable expressive quality.
Various of these new figures – Giovanni Corvaja, Stefano Marchetti and Annamaria Zanella – had gained their diplomas in jewellery design at the "Pietro Selvatico" under Francesco Pavan. The latter two would then follow courses in sculpture at the Accademia di Belle Arti di Venezia, whilst Corvaja would move to London to study at the Royal College of Art. Around the middle of the 1990s, this new generation would be joined by Maria Rosa Franzin, who came to jewellery-making after studying under Mario Pinton at the "Pietro Selvatico" and then taking a diploma in painting at the Accademia di Belle Arti di Venezia. Revealing her extensive experience of the medium of painting, her essentially abstract weaves of inscribed and raised sections demonstrate her great feeling for colour within pieces often enriched with the addition of coloured gemstones.

Giovanni Corvaja was particularly influenced by Francesco Pavan's experimentation with the conjunction of areas of different types of metal. Another artist of the Padua group who had a significant effect upon his work was Paolo Maurizio, who had produced some very original designs exploiting the possibilities offered by titanium.
Corvaja explores the effects of transparency within pieces composed of gold lamellae flanked and delimited by square or circular structures. These extremely thin 'screens' are made of very fine wire often interrupted by tiny particles – a sort of atmospheric dust caught in plays of light. Created in interwoven yellow and white gold, the pieces comprise spherical or prismatic compositions alternating with two-dimensional weaves of ever-changing abstract design (85).
Often the artist makes this weave into a type of grid that encloses gemstones and stones, which are held in place within the interstices of the gold lines without any sort of setting.
Titanium serves to mark the interchange between light and shadow. One of Corvaja's extraordinary early pieces comprises thin, parallel laminae of burnished titanium, within

L'ultimo decennio del XX secolo registra un grande fermento nella cultura orafa padovana dovuto in particolare alla partecipazione di giovani autori che s'inseriscono con nuovi lessici in un contesto già ricco degli apporti innovativi dei protagonisti della pluridecennale sperimentazione.
Si può affermare che linguaggi diversi confluiscono in un magistrale coro dove anche le voci più contrastanti e dissonanti cooperano e interagiscono in una straordinaria resa espressiva.
Le giovani personalità emergenti sono Giovanni Corvaja, Stefano Marchetti, Annamaria Zanella, tutti diplomati nella sezione di oreficeria all'Istituto «Pietro Selvatico» sotto l'alto insegnamento di Francesco Pavan. A completamento della propria formazione Zanella e Marchetti seguono i corsi di scultura all'Accademia di Belle Arti di Venezia, mentre Corvaja partecipa ai corsi internazionali presso il Royal College of Art di Londra. A partire dalla metà del decennio Novanta s'inserisce nel contesto padovano Maria Rosa Franzin, che perviene all'arte orafa dopo i corsi al Selvatico con il maestro Mario Pinton e il successivo diploma in pittura all'Accademia di Belle Arti di Venezia. L'artista trasferisce nel gioiello la sua profonda esperienza pittorica elaborando sui metalli una tessitura essenzialmente informale, contrassegnata da tracciati e rilievi che si sciolgono in sensibilità cromatiche, spesso arricchita anche da un mirato intervento di gemme colorate.

Giovanni Corvaja è un artista particolarmente influenzato dal maestro Francesco Pavan di cui registra la significativa sperimentazione materica sulla parcellizzazione metallica. Altro artista a cui Corvaja riconosce un apporto significativo alla propria formazione è Paolo Maurizio, autore del gruppo padovano che ha approfondito la ricerca sul titanio con soluzioni del tutto originali.
Corvaja lavora sulla trasparenza realizzata con la divisione di lamelle auree affiancate e delimitate entro strutture quadrangolari o circolari, schermi i cui spessori, ridotti a una sottigliezza estrema, sono costituiti da minimi fili dove spesso la continuità è inframezzata da infinitesimali corpuscoli, quasi un pulviscolo atmosferico, su cui gioca la luce: sono vere e proprie tessiture di oro bianco o giallo, dove a composizioni sferiche o prismatiche si alternano trame bidimensionali dalle continue varianti di disegni astratti (85).
Spesso l'autore fa dell'ordito una griglia in cui ingloba pietre e gemme fissate senza griffe o castoni, ma semplicemente imprigionate nei precisi interstizi creati dalle linee auree intersecantisi.
Usa il titanio nel ruolo di scambio luce–ombra: straordinaria una delle prime opere composta

81

Giovanni Corvaja
Brooch, yellow gold, 1997

Giovanni Corvaja
Spilla, oro giallo, 1997

82

Stefano Marchetti
Brooch, yellow gold, 1999

Stefano Marchetti
Spilla, oro giallo, 1999

83

Annamaria Zanella
Brooch, "The roofs", yellow gold, iron, enamel, 2000

Annamaria Zanella
Spilla, «The roofs», oro giallo, ferro, smalto, 2000

84

Maria Rosa Franzin
Brooch, "Quadro legato", yellow gold, silver, 2003

Maria Rosa Franzin
Spilla, «Quadro legato», oro giallo, argento, 2003

85
Giovanni Corvaja
Brooch, yellow gold, palladium, 1996
Giovanni Corvaja
Spilla, oro giallo, palladio, 1996

86

Giovanni Corvaja
Brooch, yellow gold, niello, 1997

Giovanni Corvaja Spilla, oro giallo, niello, 1997

87

Giovanni Corvaja
Brooch (front-back side), yellow gold, platinum, 2000

Giovanni Corvaja Spilla (fronte-retro), oro giallo, platino, 2000

each of which a single portion has been replaced with gold in order to form a large disk of golden light. To create this effect, the varying gold inserts were calculated with fine precision; yet the final piece has all the esotericism of an Oriental ideogram (88).
Mastery in the handling of gold reduced to the finest wire or spherical particle also led the artist to experiment with the effects to be achieved using granulation. An ancient Etruscan technique that has for thousands of years fascinated scholars, jewellers and sculptors, this involves the use of areas of infinitesimal grains to enrich the decorative effect of gold images (86). Corvaja's exploration of this technique has made him one of the world authorities upon it, and he regularly addresses international conferences on the matter. It is interesting to note here how interest in ancient techniques continues to produce such interesting new works – as when in the nineteenth century the Castellani family, great collectors and experts on Etruscan, Roman and Greek culture, commissioned works of period-style jewellery that are works of art in their own right.
Obviously, Corvaja brings a modern sensibility to bear in this use of ancient techniques. His use of extremely thin gold results in the creation of structures that are precise in composition but apparently evanescent; the change in the play of light across them seems to dissolve their very mass.

Stefano Marchetti produced his first works in 1992. Irregular two-dimensional forms, these were made up of a material created through the apparently random aggregation of tiny triangular or square sections of metal. The chromatic variations in the work are achieved through the use of different materials – gold, silver, nickel silver and copper – and obviously one can see here the influence of Francesco Pavan's experimentation in the 1980s with subdivisions of different metals. However, Marchetti interprets that work in his own individual way: the logic of the 'fabric' he creates seems to have more in common with that which inspired the mosaics of ancient cultures, within which tesserae were juxtaposed to create an idea of both unity and movement (89). But though the younger artist is clearly a member of that post-modernist generation of jewellery designers who draw on the techniques, ideas and notions of ancient cultures, his work is not some mere quotation of the past. Marchetti treats the inscriptions or traces he leaves upon his work as part of an autonomous modern language, which draws

da lamine sottili di bruno titanio, accostate parallelamente, che disegnano al loro interno un disco di luce aurea formato dalla graduale sostituzione di porzioni di segmenti con altri d'oro; nonostante la precisa programmazione degli interventi dell'oro sul titanio, l'insieme ha una carica esoterica come di ideogramma orientale (88).
La pratica superlativa nel trattare l'oro nella sua estrema riduzione a filamento o a sfera, induce l'artista alle sperimentazioni sulla granulazione, l'antica tecnica etrusca che per millenni ha appassionato studiosi, orafi e scultori impegnati a riprodurre infinitesimali grani che misteriosamente si aggregavano ad arricchimento decorativo delle iconografie auree (86). Di questi studi e ricerche Corvaja è diventato uno dei massimi esperti nel mondo, autorevole relatore in congressi mondiali dedicati all'argomento. E' interessante rilevare come questa indagine sia ancor oggi così appassionante come accadde nel secolo XIX quando i grandi orafi della famiglia Castellani, profondi conoscitori della cultura etrusca, greca e romana, nonché grandi collezionisti, eseguirono gioielli negli stili delle antiche epoche, perfetti rifacimenti concepiti come autentiche opere d'arte.
Corvaja vive i modi antichi con una sensibilità moderna: il suo oro finissimo si presta alla formulazione di strutture precise ma apparentemente evanescenti che la luce può variare alternando la visione di masse leggere alla loro apparente dissolvenza.

Stefano Marchetti dà inizio alla sua attività nel 1992 con forme bidimensionali irregolari, la cui materia nasce dall'aggregazione apparentemente spontanea di minime particelle ottenute dalla sezione triangolare o quadrangolare di prismi metallici, i cui giochi cromatici sono dati dall'accostamento di materiali diversi, oro, argento, alpacca e rame. È evidente l'influenza della sperimentazione sulla suddivisione metallica realizzata da Francesco Pavan negli anni Ottanta, che Marchetti interpreta in un modo del tutto singolare: l'entità segnica dei tessuti trova riferimenti ad antiche culture che, dalla frammentazione e successiva aggregazione delle materie, miravano a ottenere unità e movimentazione come nelle opere musive (89). Marchetti appartiene alla generazione postmoderna che costantemente si nutre di dati, spunti, tecniche, ideazioni provenienti dalle culture orafe del passato. Ma il suo lavoro non è una dichiarata citazione storicistica: Marchetti opera sul segno quale entità autonoma, elemento di una moderna scrittura che si rifà indifferentemente alle esperienze orientali così

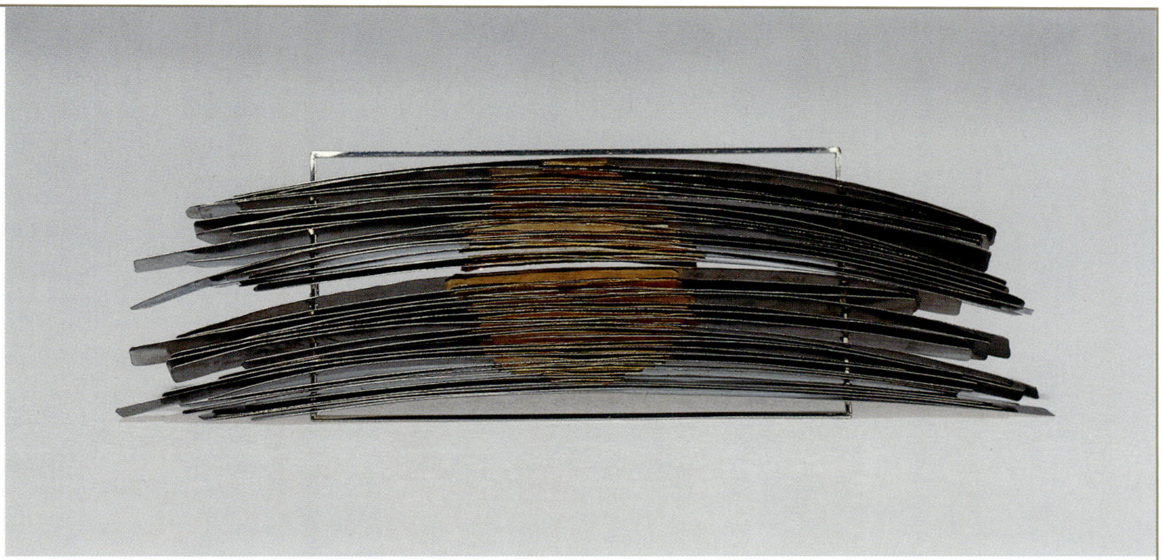

88

Giovanni Corvaja
Brooch, yellow gold, titanium, 1989

*Giovanni Corvaja
Spilla, oro giallo, titanio, 1989*

89

Stefano Marchetti
Brooch, yellow gold, red gold, silver, copper, shibuichi, 1993

*Stefano Marchetti
Spilla, oro giallo, oro rosso, argento, rame, shibuichi, 1993*

90
Stefano Marchetti
Necklace, white gold, yellow gold, oxidized silver, niello, 1999

Stefano Marchetti
Collana, oro bianco, oro giallo, argento ossidato, niello, 1999

91 / left / a sinistra

Stefano Marchetti
Brooch, red gold, oxidized silver, 2002

Stefano Marchetti
Spilla, oro rosso, argento ossidato, 2002

92

Stefano Marchetti
Brooch, red gold, yellow gold, silver, 2002

Stefano Marchetti
Spilla, oro rosso, oro giallo, argento, 2002

93 / left / a sinistra

Stefano Marchetti
Ring, yellow gold, silver, 2004

Stefano Marchetti
Anello, oro giallo, argento, 2004

94

Stefano Marchetti
Ring, yellow gold, 2003

Stefano Marchetti
Anello, oro giallo, 2003

95

Stefano Marchetti
Ring, silver, shibuichi, 1995

Stefano Marchetti
Anello, argento, shibuichi, 1995

96
Stefano Marchetti
Brooch, red gold,
oxidized silver, 1996

Stefano Marchetti
Spilla, oro rosso,
argento ossidato, 1996

97
Stefano Marchetti
Brooch, red gold,
silver, 1995

Stefano Marchetti
Spilla, oro rosso,
argento, 1995

98
Stefano Marchetti
Bracelet, yellow gold,
silver, shibuichi, 1997

Stefano Marchetti
Bracciale, oro giallo,
argento, shibuichi, 1997

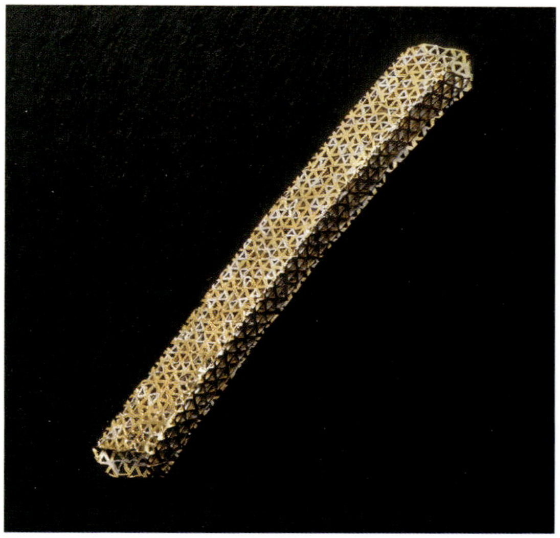

99 / left / a sinistra

Stefano Marchetti
Brooch, red gold, silver, 1992

Stefano Marchetti
Spilla, oro rosso, argento, 1992

100

Stefano Marchetti
Brooch, red gold, silver, 1992

Stefano Marchetti
Spilla, oro rosso, argento, 1992

101

Stefano Marchetti
Brooch, yellow gold, oxidized silver, 1999

Stefano Marchetti
Spilla, oro giallo, argento ossidato, 1999

102

Stefano Marchetti
Brooch, yellow gold, oxidized silver, 1997

Stefano Marchetti
Spilla, oro giallo, argento ossidato, 1997

both on the artistic languages of the Orient and upon the more gestural languages to be found in such modern artistic movements as Surrealism, Abstract Expressionism, Action Painting, etc. (101). The tesserae in his first works are assembled according to chromatic contrast or similarity, with the ruptures in the surface serving to open up the space of the work (96, 102). After the initial freedom of form in the early works, Marchetti then returned more closely to the tradition of the Padua School, whose experimentation with volumes he thus cites as itself a part of history. The 1999 necklace in white gold, comprising four hollow cubes containing an abstract aggregation of particles which again compose cubic shapes, is emblematic of the deep-seated dualism in a younger culture caught between gestural expressionism and the imposition of geometrical form (90). The artist then clearly goes beyond this phase in works of 2002-2003, with brooches comprising cubic bases whose fragmented sides recall architectural ruins; the maculation of the gold seems to present these pieces as archaeological remnants of sumptuous archaic constructions (91, 92).

Undoubtedly Annamaria Zanella is the figure who most determinedly tries to undercut the previous axioms of the Padua School. Her first works (1993) use iron, glass and copper, totally avoiding gold unless for the small joints between the different parts (103). Her pieces are two-dimensional forms made up from the apparently free combinations of metal surfaces. The very rust of iron is exploited for all its expressive power; and black, long used within the geometrical work produced by the Padua School, is no longer evenly applied in surfaces of resin, niello or ebony as a sort of 'negative' of gold but serves to indicate the effects upon matter of time, neglect and consumption. These cast-off materials are not used by Zanella as ready-mades; they are reinvented, become the object of a highly symbolic salvation. The artist does not recycle industrial refuse but reproduces its forms. The air of destruction that emanates from these pieces is transitory, it opens the way to a new recovery of identity. The apparent recycling is, in fact, a transformation that is predicated on a sort of naturalism, as is made explicit in the names of some pieces: certain brooches of complex abstract form called "Air" (105), "Water" (104), "Earth" and "Fire", within which the sedimentations of pigment, niello, lacquer and enamels create as indefinable a range of colours as that to be found in the prodigal palette of Nature herself.

***come ai contemporanei linguaggi segnici il cui automatismo è rintracciabile nelle molteplici correnti visive quali il Surrealismo, l'Espressionismo astratto, l'Action Painting, ecc. (101).
Le tessere dei suoi primi lavori sono aggregate obbedendo a criteri di somiglianza o di contrasto cromatico; le forature che attraversano le superfici danno respiro spaziale all'opera (96, 102). Marchetti, dopo la libertà formale delle opere iniziali, torna a guardare all'esperienza della Scuola padovana, di cui recupera le sperimentazioni volumetriche evidenziandole già come memoria storica: la collana del 1999 in oro bianco formata da quattro cubi vuoti che contengono un'aggregazione informe di pulviscoli materici assembrati e costretti ancora in forme cubiche è emblematica del dualismo radicato nella cultura giovanile sospesa tra l'espressionismo gestuale e la costrizione geometrica (90). Un netto superamento di questa fase di lavoro avviene con le opere del nuovo millennio, dove spille dalle basi cubiche hanno superfici parietali frastagliate che ricordano ruderi architettonici in cui un'apoteosi di maculazioni dorate sembra inventariarli quali reperti di arcaiche sontuose costruzioni (91, 92).***

Annamaria Zanella è certamente la personalità che con maggiore forza tenta l'azzeramento di tutti gli assiomi della pluri decennale cultura padovana. Le sue prime opere in ferro, vetro, rame del 1993 escludono l'oro se non per l'uso di minime interconnessioni delle parti (103). Agisce su forme bidimensionali elaborate con porzioni metalliche che si accumulano in libere aggregazioni del tutto gestuali; dà evidenza espressiva al ferro, corrotto da ruggini: il nero, grande protagonista della cultura geometrica della Scuola di Padova, non ha più la netta uniforme stesura del niello o della resina, o la precisione dell'ebano, usato allora quale elemento di contrapposizione negativa a quella positiva dell'oro giallo. Il nero, per Zanella, è il risultato di macerazioni di materie che il tempo, l'uso, l'abbandono, hanno trasformato. Materiali di scarto che Zanella non concepisce come ready made, ma reinventa per operarvi un'azione salvifica, di grande tensione simbolica: l'artista, infatti, non ricicla rifiuti industriali, ma ne riproduce le sagome che emanano la sensazione della distruzione come dato transitorio avviato verso il recupero di una nuova identità formale. L'apparente riciclaggio è improntato a un trasformismo che enuncia un naturalismo dichiarato solo nominalmente: le intitolazioni attribuite ad alcune spille, complesse strutture informali denominate «Aria» (105), «Acqua» (104),

103
Annamaria Zanella
Brooch, yellow gold, steel, iron, 1993
Annamaria Zanella
Spilla, oro giallo, acciaio, ferro, 1993

104
Annamaria Zanella
Brooch, "Water", silver, iron, argentan, niello, acrylic enamels, 1995
Annamaria Zanella
Spilla, «Acqua», argento, ferro, alpacca, niello, smalti acrilici, 1995

105
Annamaria Zanella
Brooch, "Air", silver, iron, argentan, niello, acrylic enamels, 1995
Annamaria Zanella
Spilla, «Aria», argento, ferro, alpacca, niello, smalti acrilici, 1995

106

Annamaria Zanella
Brooches, "Blue cell", white gold, silver, papier mâché, acrylic, 2003

Annamaria Zanella
Spille, «Blue cell», oro bianco, argento, papier mâché, acrilico, 2003

107

Annamaria Zanella
Rings, "Mobil", yellow gold, 2003

*Annamaria Zanella
Anelli, «Mobil», oro giallo, 2003*

108

Annamaria Zanella
Brooch, "Blue rose", silver, enamels, acrylics, resin, 2003

*Annamaria Zanella
Spilla, «Blue rose», argento, smalti, acrilici, resine, 2003*

109
Annamaria Zanella
Brooch, "Red Box", yellow gold, silver, red pigment, 1996

Annamaria Zanella
Spilla, «Red box», oro giallo, argento, pigmento rosso, 1996

110

Annamaria Zanella
Brooches, "Blue box", yellow gold, silver, blue pigment, 1997

*Annamaria Zanella
Spille, «Blue box», oro giallo, argento, pigmento blu, 1997*

A further sign of contrast with her teacher comes in the fact that Zanella totally eschewed the use of three-dimensions, opting solely for two-dimensional form. Space within the works opens up through laceration and rupture; the plates are twisted and contorted, and gaps suddenly open up through the sedimentation of the composition. However, towards the end of the 1990s, the artist would begin to experiment with the three-dimensional in a series of brooches entitled "Boxes", in which the volumes are nevertheless disjointed and dislocated (109, 110). Metal is totally transformed into a sort of magma of colour, whilst form is deconstructed – even if the canons of perfect geometry remain recognisable in the incongruent compositions.
At this point, Zanella starts to use the gold that was typical of so much of the work of the Padua School; but whilst emphasising its brightness and colour, she also aims for a sort of transmutation, stressing the softness and lightness of the material to turn it into a sort of fabric, a velvety silk of shifting hue.
The most recent works seem to focus even more totally upon effects of lightness. Metals almost totally disappear, even though they still provide the barest skeleton structure for compositions of paper and/or synthetic resins whose ephemeral fragility is deliberately underlined. One might take this decision to use paper and cardboard as being in part a continuation of an earlier series of gold rings, in which the modulated surfaces imitated that of corrugated cardboard; the artist in fact claimed that her inspiration had been the furniture the famous American architect Frank Gehry designed using compressed sheets of this packing material (107). Certainly, contemporary jewellery design had already exploited the fragility and constructive possibilities of cardboard and paper, but Zanella takes an original approach to the material: the old technique of *papier mâché* is combined with others that she has developed herself, with the application of pigments, lacquers and acrylics serving to give body to the form but in no way disguising its precarious nature. In effect, cardboard and paper are important to Zanella as substances derived directly from Nature, and the profound symbolism of the material can be seen in the forms employed in the pieces she creates using it: egg shapes, rounded magma of genetic chains, nests; protected niches within which life can proliferate (106, 108).

«Terra», «Fuoco», si riconoscono nelle sedimentazioni su metalli di pigmenti misti a nielli, lacche, smalti, dai colori più indefinibili, come ne è prodiga la natura nelle sue mescolanze cromatiche. Opere simboliche realizzate nella più assoluta bidimensionalità, ancora una volta in controtendenza con la tradizione volumetrica adottata preferibilmente dai maestri.
Zanella nel suo percorso creativo avverte intensamente la necessità di aperture spaziali che realizza con ampie lacerazioni di lastre contorte, con improvvisi squarci attuati nelle complesse sedimentate compagini. Verso la fine del millennio sperimenta la tridimensionalità con una serie di spille, denominate «Boxes», volumi i cui rapporti risultano sconnessi, disgregati (109, 110). La decostruzione delle forme, adottata da Zanella con una materia metallica totalmente trasformata in magma cromatico, non estingue completamente la memoria dei canoni perfetti della geometria, ancora riconoscibili nonostante le incongruenze e le dissociazioni compositive. In questa fase Zanella reintegra l'oro, materia tipica della Scuola di Padova, e, mentre ne evidenzia la più accesa colorazione aurea, tenta la sua trasmutazione facendolo apparire come un tessuto, un velluto di seta cangiante, di cui esaspera la morbidezza e la leggerezza.
Ed è alla leggerezza che le opere più recenti sembrano totalmente dedite: i metalli quasi scompaiono, benché permangano come minime strutture di supporto di elaborazioni di carte, di resine sintetiche, trattate insieme o separate, in una nuova sperimentazione dove l'alleggerimento materico esalta il fragile, l'effimero. Si può supporre che l'ideazione dell'utilizzo della carta sia sorta come conseguenza di una precedente sperimentazione legata a una serie di anelli d'oro, in cui movimentate modulazioni imitavano il cartone ondulato, adatto agli imballaggi: l'artista dichiara la sua ispirazione dalla serie di mobili in cartone da imballaggio pressato realizzata dal famoso architetto americano Frank Ghery (107). Il cogliere insieme l'estrema fragilità e la resa costruttiva della carta non è certo nuovo nella gioielleria contemporanea, ma Zanella ne dà una sua originale interpretazione: impiega le antiche tecniche del papier mâché *combinate con altre, di propria invenzione, applicando misture di pigmenti, lacche, acrilici, che, se pure danno corposità alle forme, non ne celano la sostanziale precarietà. La carta è sperimentata da Zanella quale riferimento concettuale alla natura che le suggerisce l'elaborazione di abbozzi ovoidali, magma genetici, nidi, nicchie protette per possibili proliferazioni (106, 108).*

111
Maria Rosa Franzin
Brooch, "Cerchio a tre",
yellow gold, white gold,
silver, 2003

Maria Rosa Franzin
Spilla, «Cerchio a tre»,
oro giallo, oro bianco,
argento, 2003

nine New Logics in the Use of Geometry. From the 1990s to the Present.

Giampaolo Babetto Graziano Visintin Francesco Pavan

nove *Nuove dialettiche nella elaborazione geometrica dagli anni Novanta a oggi.*

Giampaolo Babetto Graziano Visintin Francesco Pavan

After the period of figurative designs inspired by the paintings of Pontormo, Giampaolo Babetto in the late 1980s/early 1990s began a series of works built not on sharply defined geometrical images but rather upon an undermining of geometrical structure. His previous experimentation with naturalistic images and the human figure had in the meantime added to his knowledge of the use of metals other than gold and had, above all, taught him the expressive power to be obtained through the use of coloured pigments. The experience gained in handling modelled form also played a part in this new approach to geometry, with the artist creating compositions of deep architectural perspectives – perhaps constructed using solely the depth of the image itself or exploiting its movement in space. In works of apparently minimalist inspiration, one still sees the result of what the artist had learnt from the handling of anatomical form: surfaces of shining white gold reveal almost imperceptible modulations whose chiaroscuro has the powerful sensual impact of well modelled limbs. Created using a single sheet of metal – within which form is created through folds, and framed on all sides by dark niello – these works are ambiguous in effect: alongside the striking mobility of their modelling there is a quite remarkable air of material lightness (112). With shiny or opaque surfaces, the works are characterised by a palette that runs from grey to black; but they also exist alongside brightly coloured geometrical structures in which the interplay of the contrasting surfaces may remind one of the Neo-Plasticism of De Stijl but also manages to be a vehicle for remarkable pathos. In effect, the dialectic established between these planes – often made up of clots of black niello or pigments – does not always have the sharpness of definition that was envisaged by Neo-Plasticism; the outlining of the sides is deliberately imprecise, leaving the piece with discontinuous edges (114). Babetto seems to take all the rigorous movements of geometrical abstraction that emerged during the first decades of the twentieth century – Suprematism, Constructivism, Neo-Plasticism, etc. – and negate their own negation of emotional content; surfaces of gold are dusted with porous pigmentation of the brightest blues and reds, and the abstract composition sometimes comprises precious gems, pearls or large pieces of coral (113). In the last years of the millennium, this very sensual approach to materials would also open up other areas of experimentation. Brightly coloured transparent meta-acrylics were used within frames of

Il passaggio dalla *netta definizione delle immagini geometriche verso un loro perturbamento strutturale è enunciato da Giampaolo Babetto nelle opere che, in particolare, fanno seguito alla sua parentesi figurativa dedicata alle pitture del Pontormo, tra la fine degli anni Ottanta e gli anni Novanta. La sperimentazione dell'immagine sia naturalistica che di figurazione umana aveva arricchito il suo bagaglio conoscitivo con l'impiego di nuovi metalli, oltre l'oro e, soprattutto, con l'uso delle terre colorate dall'accentuato valore espressionistico. Nella ripresa della prassi geometrica è memorizzata la complessa vicenda interpretativa del modellato, inserito dall'artista nella profondità prospettica di uno spazio architettonico anche quando esso sia determinato solo dallo spessore dell'immagine o dalla sua movimentazione nel vuoto. La memoria anatomica si evidenzia in opere, dall'apparente impostazione minimalista, le cui superfici di lucido oro bianco registrano impercettibili modulazioni che mimano, con ombre e riflessi sfuggenti, membra di un profondo impatto sensuale. Questi lavori, eseguiti con un unico foglio metallico elaborato con piegature che vanno a costituire le volumetrie segnate ai lati e alle basi di scuri nielli, hanno una ambigua lettura: appaiono di una intensa e mobile fisicità e nel contempo stupiscono per la loro leggerezza (112). Le opere di questo periodo caratterizzate dalla resa di toni lucidi e opachi dal grigio al nero vivono contestualmente con raffigurazioni geometriche di accentuata colorazione, intrise di pathos nell'agitato contendersi dei piani contrapposti la cui disposizione richiama e, in parte contraddice, i lavori di impianto neoplastico che ricordano la stagione del De Stjil. Infatti la dialettica delle figure piane, spesso grumose di nero niello o di pigmentazioni terrose, non sempre ha la netta definizione prevista dalla concezione neoplastica, ma registra sagomature irregolari dei lati, un'accentuata imprecisione dei bordi lasciati discontinui (114). Pur richiamandosi a tutti gli «ismi» dell'astrazione geometrica dei primi decenni del Novecento, il Suprematismo, il Neoplasticismo, il Costruttivismo, Babetto sembra negarne i presupposti di assoluta indifferenza emotiva, ricoprendo i piani aurei di colorazioni porose, pulviscolari, usando rossi e blu dalle tonalità più accese, spesso intervenendo nel disegno astratto con pietre preziose, perle o grandi coralli (113). Una stagione di grande sensualità materica che, negli anni di fine millennio, conosce altre*

112

Giampaolo Babetto
Brooch, white gold,
niello, 1999

Giampaolo Babetto
Spilla, oro bianco,
niello, 1999

113

Giampaolo Babetto
Brooch, white gold, niello, pigment, coral, 1995

*Giampaolo Babetto
Spilla, oro bianco, niello, pigmento, corallo, 1995*

114

Giampaolo Babetto
Brooch, "Barcelona", white gold, niello, blue pigment, 1996

Giampaolo Babetto
Spilla, «Barcelona», oro bianco, niello, pigmento blu, 1996

115
Giampaolo Babetto
Brooch, white gold, methacrylate, 2001
*Giampaolo Babetto
Spilla, oro bianco, metacrilato, 2001*

116

Giampaolo Babetto
Brooch, white gold,
methacrylate, 2002

Giampaolo Babetto
Spilla, oro bianco,
metacrilato, 2002

117

Giampaolo Babetto
Brooch, white gold,
methacrylate, 2002

Giampaolo Babetto
Spilla, oro bianco,
metacrilato, 2002

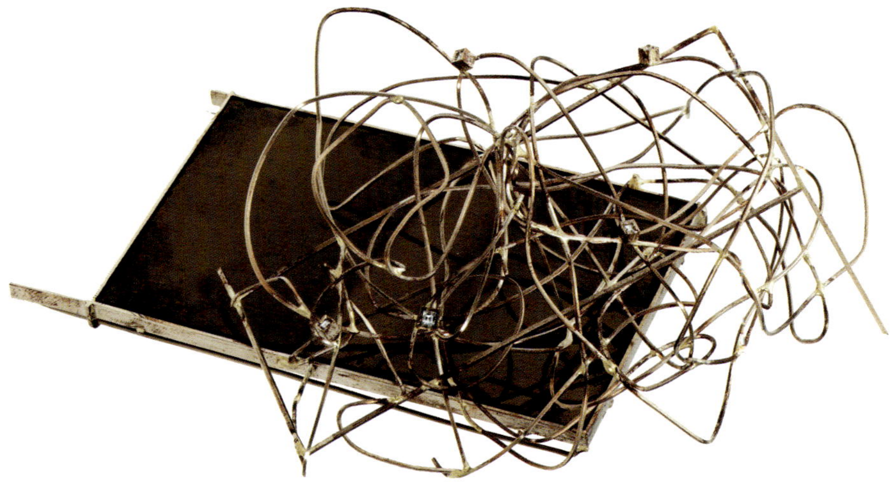

118
Giampaolo Babetto
Brooch, white gold,
glass, diamonds, 2003
Giampaolo Babetto
Spilla, oro bianco,
vetro, diamanti, 2003

119
Giampaolo Babetto
Brooch, white gold,
pigment, glass,
diamonds, 2003
Giampaolo Babetto
Spilla, oro bianco,
pigmento, vetro,
diamanti, 2003

120

Giampaolo Babetto
Brooch, yellow gold,
pigment, 2002

Giampaolo Babetto
Spilla, oro giallo,
pigmento, 2002

yellow or white gold to create two-dimensional geometrical forms, which the artist then put together in a rich variety of combinations that invite a constructivist reading (115, 116, 117). The interaction of the sheets creates an opulent variety in nuance as their colours blend in with one another, whilst the rigorously defined structure maintains and regulates the movement of the individual components. Babetto's most recent works go even further: geometrical construction seems to work towards the very dissolution of volume. Form breaks down into twists and interplays of lines that seem to extend towards some non-defined space (118, 119). Often sprinkled with tiny diamonds, these knots of gold wire unravel across rectangular surfaces to then extend beyond them; but traces of the solid surface seem to remain tangled up in the threads (120). In some ways, this striving towards deconstruction might remind one of the more recent work of the Austrian artist Peter Skubic: abstract compositions of coloured and mirrored surfaces within which the steel cables that bear the weight of the structure are left free and unconstrained. However, the aim there is not to negate geometry but to include the play of chance within exactly calculated components, whilst Babetto envisages deconstruction rather differently: his line-based structures aim to undermine geometry, to suspend the identity of form with itself. For all this, the twists and turns of the metal do not totally eradicate the Euclidean universe, which can still be glimpsed in the shifting lines. There is still a feeling that a new order might re-emerge from the chaos.

The work produced by the Padua School in the 1990s seems, therefore, to be characterised by the questioning of perfect geometrical form. A fine example of this is a 1996 piece by Graziano Visintin (121): two brooches to be worn together – one a small cube, the other a slightly concave circle – these consist of ill-defined outlines and are totally filled with a clotted niello that is as black as pitch. Here what one sees is a clear statement of the dualism between purity of form in its classic definition (the cube) and a feel for the very qualities of material, for the expressive power of indefinite substance.
In his earlier works, Visintin had favoured ebony black to bring out the smooth uniformity of geometrical forms that were then superimposed – or contrasted – with other such forms created in gold. Now he took niello – an antique mixture of metals produced through a technique whose potential was rediscovered

sperimentazioni. L'uso di metacrilati trasparenti, dai colori accesi, incorniciati perimetralmente da profilature di oro bianco o giallo, determina compagini di geometria bidimensionale che l'artista sovrappone creando una indefinita ricchezza di figurazioni in una lettura costruttivista (115, 116, 117). L'interazione delle lastre produce complessità coloristiche per il trasfondersi delle cromie le une sulle altre, mentre il rigoroso disegno strutturale mantiene e regola la movimentazione.
Questa fase è totalmente superata dalle opere recenti dove la costruzione geometrica è avviata verso un percorso di dissolvenza delle volumetrie che si scompongono in circonlocuzioni, in grovigli, in intrecci di linee tese verso una indefinita spazialità (118, 119). Matasse di fili d'oro, spesso cosparse di minimi diamanti, snodandosi da superfici rettangolari da cui si dipartono, includono in sé, disseminati come reperti, minime tracce dei solidi disgregati (120). Questa particolare necessità di decostruzione ricorda, per certi aspetti, l'operazione attuata recentemente dall'artista austriaco Peter Skubic: Skubic scioglie i tiranti d'acciaio che costituiscono la struttura portante delle sue costruzioni meccaniche lasciandoli liberi all'interno di composizioni astratte di piani colorati e specchianti. Il suo intento non è la negazione del concetto geometrico, bensì l'inserimento del caso, dell'accidentalità all'interno di una esatta compagine. Completamente diversa è l'ideazione di Babetto: nel decomporre le strutture che si dipanano in grafie lineari, si pone in un rapporto critico con il dato geometrico, di cui sospende l'identità. Le evoluzioni metalliche non cancellano totalmente il gene euclideo, sempre individuabile nei mobili tracciati, per cui persiste il sentimento del possibile riproporsi di un nuovo ordine sorto dal caos.

Emblematica della crisi della concezione della perfetta misura geometrica legata al calcolo matematico, diffusasi nell'ultimo decennio del Novecento nell'ambito padovano, è l'opera del 1996 di Graziano Visintin (121): consta di due spille, da indossare abbinate, l'una, un piccolo cubo d'oro, l'altra, una forma circolare leggermente concava, dai bordi imprecisi, totalmente riempita di niello grumoso di un nero assoluto come pece. In questo lavoro è enunciato il dualismo tra purezza formale nella sua classica definizione, la figura cubica e il materismo, carico della espressività repressa della sostanza metallica indistinta.
Visintin, che negli anni giovanili prediligeva il

121

Graziano Visintin
Brooch, yellow gold, niello, 1996

Graziano Visintin
Spilla, oro giallo, niello, 1996

122

Graziano Visintin
Brooch, yellow gold, niello, enamel, 2003

Graziano Visintin
Spilla, oro giallo, niello, smalto, 2003

by Mario Pinton – and exploited the disturbed, ambiguous nature of the material thus produced; there are, for example, various rings and earrings adorned with irregular, dashed brushstrokes of the substance. In Visintin's more recent works, the grimness of niello is lightened through the use of delicately coloured enamels, with the result that the former appears as some sort of primal organic material emerging from square or rhomboid surfaces of gold (123). The delicate impasto of colour spills forth from the folds in the primary forms, like a sort of shadow of the arched and curved forms (125).
Visintin thus manages to achieve unequalled balance between the lightness of gold surfaces – which may be flexible and curved but still retain their Euclidean shape – and a formless expanse of colour, made up of granules that never entirely cover what lies beneath: sometimes the colour is limited to specific areas (122), sometimes it appears to be sprayed across the surface, forming clots of 'paint' on a gold canvas. In many ways, Visintin seems to be looking back to the great arte informale of Alberto Burri. And though with his palette of blue, green and pink enamels, this great colourist never achieves the structural rigour one sometimes finds in Burri's work, he does show superlative technical mastery of the expressive potential to be achieved through the contrast of different abstract forms (124, 126).

The 1990s saw colour triumph in the work of the Padua School, with artists of the most recent and previous generations exploring a wide variety of techniques to obtain chromatic effects. Francesco Pavan, too, was involved in this experimentation with colour, with the technique of fire glazed enamels introducing new aspects to his work. As we have already seen, the early 1990s would see the Kineticism of his early pieces develop towards one possible use of colour – that is, the introduction of fibre optics or battery-lit bulbs within his brooches. Later, within the small format of a concave or convex gold volume, he would spread irregular maculations of niello to create luminously coloured dots and dashes; the end result recalls the exploration of spatial concepts to be found in the architectural or environmental installations of such artists as Lucio Fontana, François Morellet, Alberto Biasi, Giancarlo Zen and Dan Flavin (128, 129).
Whilst Giampaolo Babetto, Graziano Visintin and Annamaria Zanella often use colour to establish some sort of dialectic with geometrical form, Pavan uses colour to emphasis that

nero ebano atto a rendere la liscia, costante uniformità di figure geometriche contrapposte o sovrapposte ad altre auree, fa del niello, antichissima materia nata da una complicata mistura di metalli, riscoperta e riproposta da Mario Pinton, una sostanza ambigua, turbata. Spesso ne fa uso su anelli e orecchini come materia pittorica che stende a pennellate irregolari. La tensione incupita di questi lavori si alleggerisce, nelle opere recenti, dove il niello, mescolato a smalti dai colori delicati, appare come una naturale minima essenza organica scaturita dalle superfici auree quadrangolari o romboidali (123): il delicato impasto cromatico fuoriesce dall'interno delle pieghe delle forme primarie, o di porzioni di esse, esprimendosi come ombra duplicante le forme arcuate (125).
Visintin raggiunge un insuperato equilibrio tra la leggerezza delle superfici d'oro, di cui mantiene le figurazioni euclidee, seppure rese flessibili, pieghevoli, e la cromia informe che si estende granulata, mai del tutto coprente: a volte è relegata in particolari zone (122), altre volte è quasi spruzzata o irregolarmente concentrata come grumo di pittura informale sul piano aureo, anziché su tela. Visintin sembra riandare alla grande stagione informale di Alberto Burri, ma la grazia coloristica degli smalti, fatta di celesti, di verdi, di teneri rosa, seppure bruniti di niello che vi si mescola, non perviene al valore strutturale espresso in alcune opere del grande maestro, restando una superlativa prova tecnico espressiva di contrapposte astrazioni (124, 126).

L'ultimo decennio del secolo ventesimo vede il trionfo del colore realizzato con le più svariate tecniche da molti autori, sia dell'ultima generazione che delle precedenti. Neppure Francesco Pavan rimane estraneo a questa sperimentazione che arricchisce di apporti innovativi con la tecnica dello smalto a fuoco. Pavan era già pervenuto al problema del colore ottenuto con la luce utilizzando pile elettriche o fibre ottiche all'interno di spille: uno studio degli anni Novanta che si riallacciava alla ricerca cinetica del suo esordio giovanile mai del tutto abbandonata.
Pavan, nel piccolo formato di un volume aureo, concavo o convesso, su cui erano stese maculazioni irregolari di niello, creava linee o puntualizzazioni luminose colorate, evocando soluzioni spaziali che artisti come Lucio Fontana, François Morellet, Alberto Biasi, Giancarlo Zen, e tanti altri, senza escludere Dan Flavin, hanno attuato in ampie installazioni architettoniche e ambientali (128, 129).

123

Graziano Visintin
Brooch, yellow gold, niello, enamel, 2003

Graziano Visintin
Spilla, oro giallo, niello, smalto, 2003

124

Graziano Visintin
Brooch, yellow gold, niello, enamel, 2001

Graziano Visintin
Spilla, oro giallo, niello, smalto, 2001

125

Graziano Visintin
Brooch, yellow gold, niello, enamel, 2001

Graziano Visintin
Spilla, oro giallo, niello, smalto, 2001

126
Graziano Visintin
Brooch, yellow gold,
niello, enamel, 2001

Graziano Visintin
Spilla, oro giallo,
niello, smalto, 2002

127
Graziano Visintin
Brooch, yellow gold,
niello, enamel, 2003

Graziano Visintin
Spilla, oro giallo,
niello, smalto, 2003

128

Francesco Pavan
Brooch, "Lucifero", red gold, optic fiber, electric components, 1993

Francesco Pavan
Spilla, «Lucifero», oro rosso, fibre ottiche, componenti elettrici, 1993

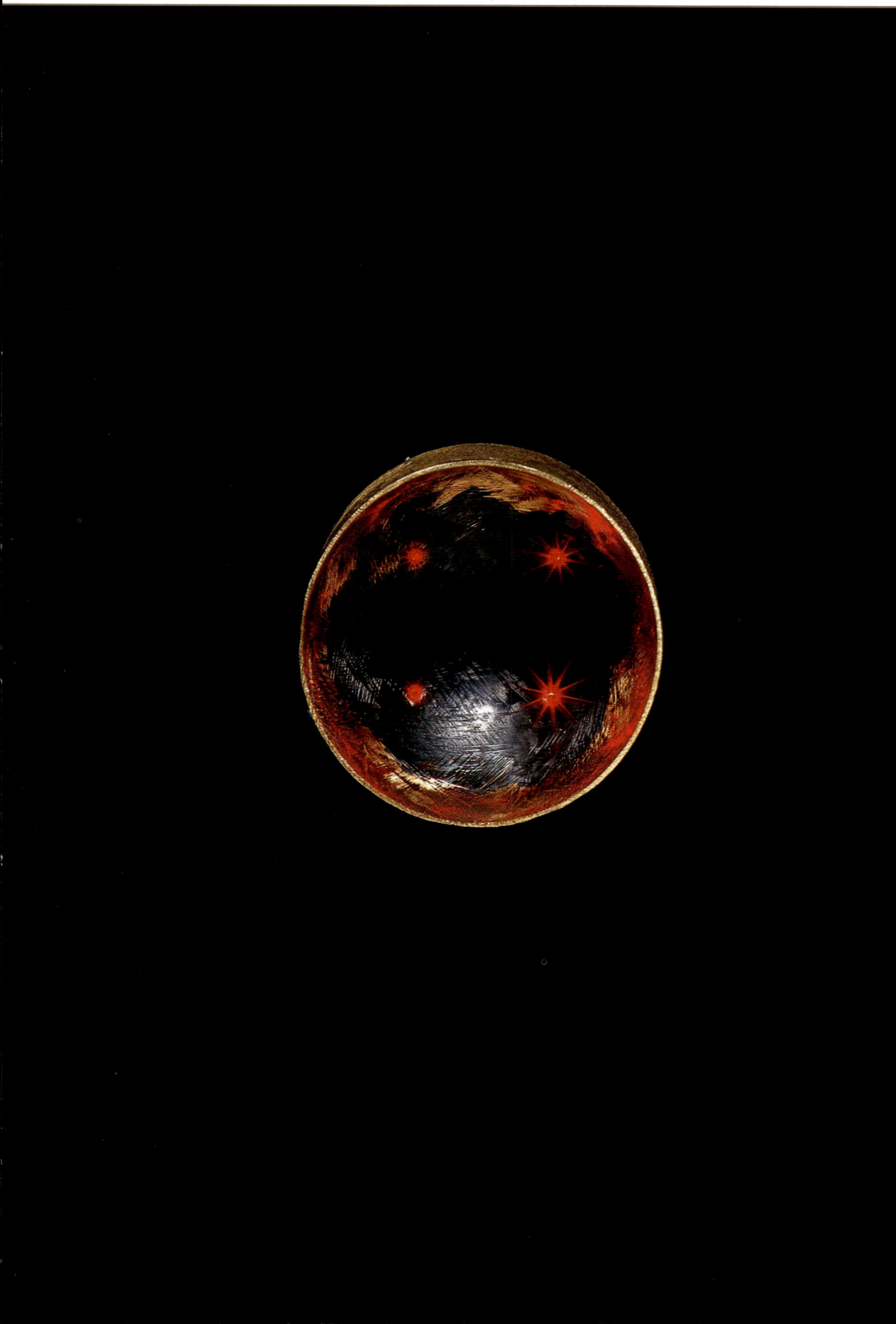

129

Francesco Pavan
Brooch, "Fotofora", red gold, niello, optic fiber, electric components, 1996

Francesco Pavan
Spilla, «Fotofora», oro rosso, niello, fibre ottiche, componenti elettrici, 1996

130 / left / a sinistra

Francesco Pavan
Brooch, "Red Cube, Positive", yellow gold, red enamel, 2000

Francesco Pavan Spilla , «Cubo rosso positivo», oro giallo, smalto rosso, 2000

131

Francesco Pavan
Brooch, "Red Cube, Negative", yellow gold, red enamel, 2000
Francesco Pavan Spilla, «Cubo rosso negativo», oro giallo, smalto rosso, 2000

132

Francesco Pavan
Brooch, "Hexagonal prism", yellow gold, green enamel, 2001

Francesco Pavan Spilla, «Prisma esagonale», oro giallo, smalto verde, 2001

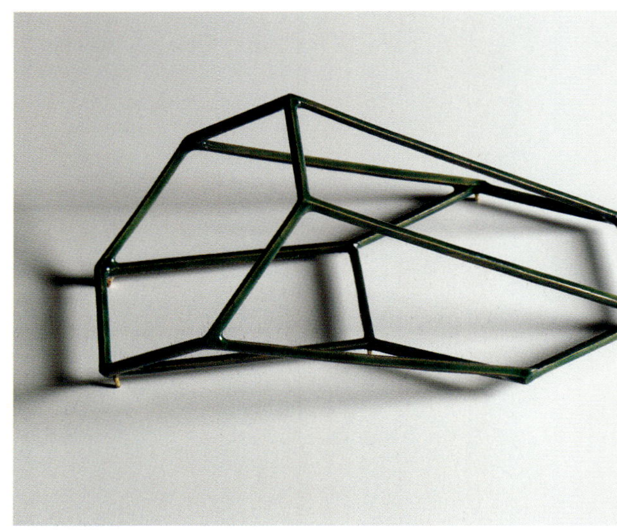

133

Francesco Pavan
Brooch, "Transparencies 2", white gold, glass, 1999

Francesco Pavan Spilla, «Trasparenze 2», oro bianco, vetro, 1999

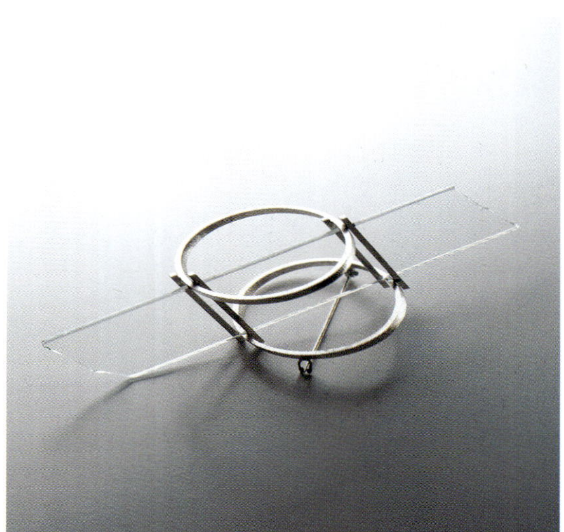

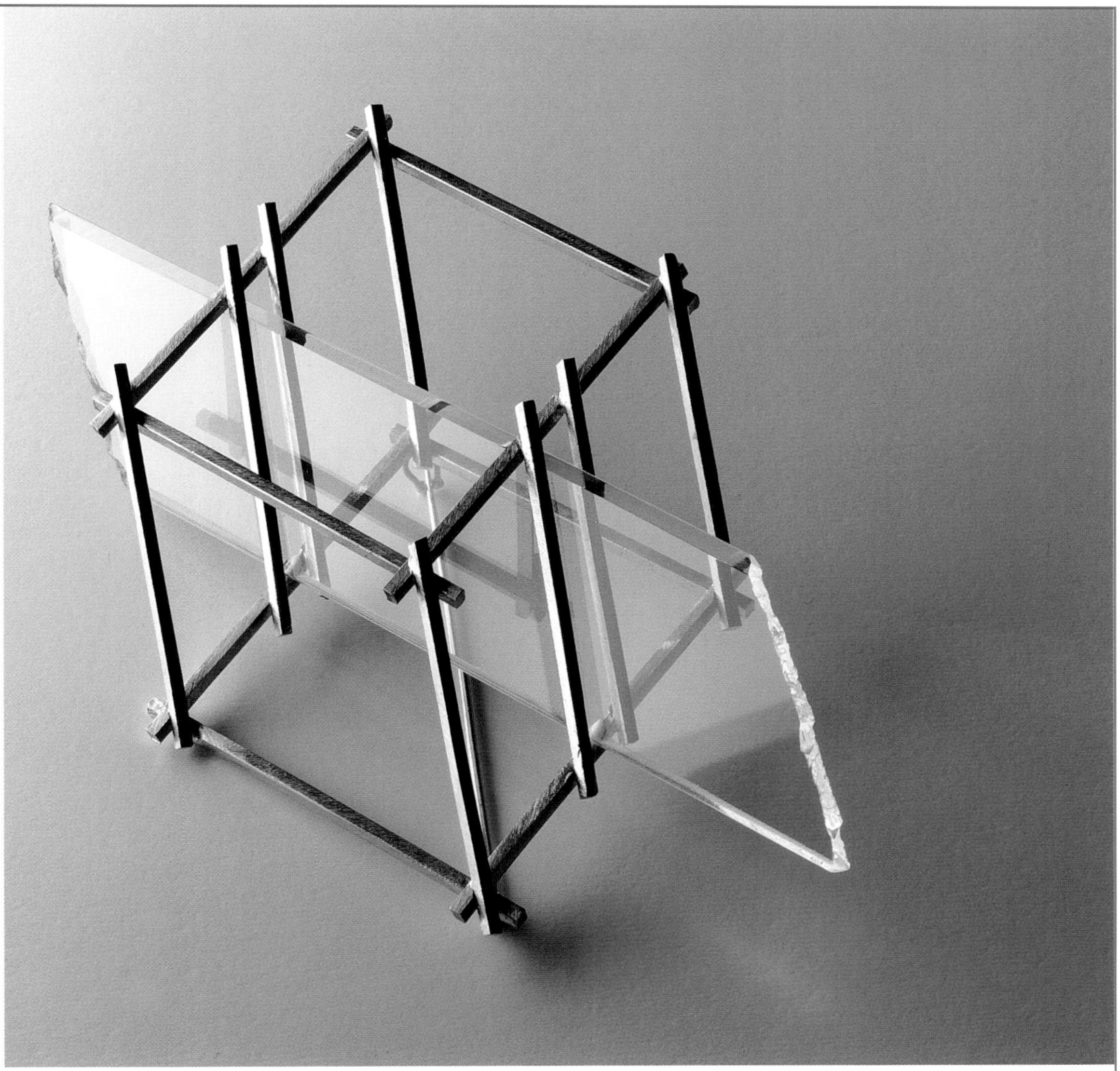

134

Francesco Pavan
Brooch, "Transparencies 1", white gold, glass, 1999

Francesco Pavan
Spilla, «Trasparenze 1», oro bianco, vetro, 1999

geometry which was one of the key inspirations of the initial work of the Padua School. His experimentation with enamels was a long and difficult process in that it aimed to recover such old techniques as *champlevé* and *plique à jour*, which he used in conjunction with hollow prismatic forms (primarily a cube). The fluid application of enamel along the sides or the internal or external junctions accentuated the shifts in plane, the interconnection of the parts. Colour redefined hollow forms, highlighted contained space.
In a sense, Pavan was returning to what had been implicit in the geometrical lexicon of his early years (when he himself preferred to focus on the problems proposed by Kineticism rather than follow up the insights revealed by his significant – but sporadic – forays into Minimalism). Nowadays he takes a more static approach to geometry; the interaction between projecting or interpenetrating volumes is based on simplicity, with abstract lines serving to define hollow space as both the core and essence of the composition.

A differenza di Giampaolo Babetto, di Graziano Visintin, di Annamaria Zanella, che spesso hanno usato il colore come mezzo di espressione dialettica nei confronti del postulato geometrico, Pavan se ne avvale per esaltarne il valore assoluto che fu il dato d'identificazione dell'iniziale lavoro di gruppo della Scuola di Padova.
La sua sperimentazione sugli smalti è lunga e difficile in quanto riattiva antiche tecniche, dal champlevé *al* plique à jour, *con applicazioni su prismi vuoti, in particolare sul volume prediletto, il cubo. La fluidità dello smalto, steso sui profili perimetrali del cubo o su sue iterazioni, interne o esterne a esso, accentua i rapporti, i passaggi, le interconnessioni tra le parti. Il colore ridefinisce le forme svuotate dove è lo spazio a evidenziarsi.*
Pavan rivive una stagione minimalista a cui la sua cultura giovanile, che introduceva il lessico geometrico, aveva contribuito con opere molto significative ma infrequenti, lasciando ad altri autori lo sviluppo sistematico di questa tendenza, essendo prevalente nella sua progettazione il problema cinetico.
La sua geometria oggi si attua in una concezione maggiormente statica, dove le compenetrazioni e gli aggetti dei volumi interagiscono in tutta la loro semplicità compositiva, elevando il vuoto a valore assoluto definito dalla grafia astratta.

135

Francesco Pavan
Brooch, "Blue cube", yellow gold, blue enamel, 2002

Francesco Pavan
Spilla, «Cubo azzurro», oro giallo, smalto azzurro, 2002

ten The Padua School in the Veneto as a Whole: from the 1980s to the Present.

Barbara Paganin Piergiuliano Reveane
Aldo Boschin Luca Bonato

dieci *Artisti dell'area veneta coinvolti nella ricerca padovana. Dagli anni Ottanta a oggi.*

Barbara Paganin Piergiuliano Reveane
Aldo Boschin Luca Bonato

The influence of the Padua School was also felt in such nearby cities as Venice and Bassano. Some of the jewellery-makers in the former – for example, Piergiuliano Reveane and the younger Barbara Paganin – studied at the Venetian State Institute of Art and later became teachers at the "Pietro Selvatico", thus becoming part of the Padua group, whose theoretical approach they shared. Mention has already been made of Reveane's use of geometrical abstraction in both kinetic and minimalist works; but when he moved from his post at the "Pietro Selvatico" to the Venice State Institute of Art he distanced himself somewhat from the speculative ideas of the group and his work thenceforth developed in a more personal direction. In the 1990s his designs were clearly influenced by the post-modernism that was such an important force in the visual arts and architecture of the period. The cylinders in his jewellery – which had once stood as self-defining geometrical forms – were now transformed into crenellated castles, into walled bastions (137); and Reveane's attempts to achieve some sort of coherent development between his original abstract language and the present figurative work resulted in the creation of a series of pieces involving a range of new materials, including glass. These works strive for a naturalistic rendition of the rural countryside, focusing on specific details thereof – hence the brooches with titles such as "Earth Clod", "Furrow" and "Wheatfield". The geometrical layout of these compositions is overlaid by a broken, granular surface from which emerge irregularly shaped laminae or tiny three-dimensional forms such as cylinders, all maintaining an appearance of mobility as they reach upwards from the plane beneath (138). The figurative image may be indeterminate, but one recognises within it a solid rigour of structure, which remains unaltered by the coloured pigments, glass fragments and diamonds that are scattered across the surface.

Having taught briefly at the "Pietro Selvatico", Barbara Paganin was another who moved to the Venice State Institute of Art. She immediately established herself as an original figure, assimilating certain aspects of the experimental work produced in Padua – structural rigour, articulated construction, reiterated images, the use of black – but nevertheless developing a profoundly naturalistic aesthetic that was totally new within the Padua group. Her first works of the 1980s consisted of spaces that were enclosed within reticulate geometrical surfaces and run

L'influenza della cultura padovana si limita ad alcune città vicine, Venezia e Bassano. Alcuni operatori veneziani, che avevano svolto i loro studi presso l'Istituto Statale d'Arte della propria città, divenuti successivamente docenti all'Istituto Statale «Pietro Selvatico» di Padova, s'inseriscono nel gruppo padovano di cui condividono le prospettive teoriche: ciò vale per Piergiuliano Reveane e per la più giovane Barbara Paganin. Di Reveane si è già menzionata l'importante adesione alla cultura astratto geometrica sia nella sua articolazione cinetica che in quella minimalista. La sua scelta di abbandonare l'insegnamento all'Istituto «Pietro Selvatico» per l'Istituto Statale d'Arte di Venezia lo allontana da Padova e dalle speculazioni del raggruppamento ivi operativo con una separazione che diventerà definitiva spingendolo a ricerche del tutto personali. Intorno agli anni Novanta esprime una ideazione che risente del clima postmoderno che investe la cultura visiva, plastica, architettonica della fine del secolo XX. Nei suoi gioielli i volumi cilindrici, un tempo auto significanti nella loro identità astratta, si trasformano in castelli merlati, in bastioni di cinte murarie (137). La ricerca di rapporti coerenti tra il suo originario vocabolario astratto e la resa figurativa matura in una serie di opere ricche di materiali nuovi, a cui non è estraneo l'uso del vetro. Sono gioielli che esprimono la necessità della raffigurazione naturalistica di paesaggi campestri, di cui isola particolari o specifiche colture: nascono spille denominate «Zolla», «Solco», «Campo di grano», dove è sottesa l'impostazione geometrica delle forme che subiscono alterazioni sulle superfici, diventate granulose, sconnesse, da cui si dipartono lamine leggere, sia irregolarmente bidimensionali che volumetriche, come minimi cilindri, dall'apparenza mobile nel loro protendersi verso l'alto (138). Nella indeterminatezza delle immagini si riconosce un rigore interno, una profondità strutturale che i pigmenti colorati e l'inserimento di vetri e diamanti, brulicanti nella materia, non alterano.

Barbara Paganin per breve tempo ha insegnato all'Istituto Statale d'Arte «Pietro Selvatico» di Padova per poi dedicarsi alla docenza all'Istituto Statale d'Arte di Venezia. Rivela subito una personalità originale in cui l'assimilazione delle sperimentazioni padovane quali l'esigenza strutturale, l'articolazione come movimentazione reiterata dell'immagine, l'uso del nero, non le impedisce di manifestare ben presto una sotterranea tendenza naturalistica,

136

Piergiuliano Reveane
Brooch, "Furrows", yellow gold, silver, niello, diamond cut brillant, 2002

Piergiuliano Reveane Spilla, «Solchi», oro giallo, argento, niello, diamanti taglio brillante, 2002

137

Piergiuliano Reveane
Brooch and ring, yellow gold, niello, oxidized gold, copper, 1996

Piergiuliano Reveane Spilla e anello, oro giallo, oro niellato, oro ossidato, rame, 1996

138

Piergiuliano Reveane
Brooch, "Corn field", yellow gold, silver, zinc, pigments, 2002

Piergiuliano Reveane Spilla , «Campo di grano», oro giallo, argento, zinco, pigmenti, 2002

through with undulating lines; the very names – for example "Bamboo" (141) – reveal her aim of transforming structure into an organic entity. In the early necklaces, the artist used repeated modular components (lamellae) which she made slightly convex; the result was a vibrant composition in which this evocation of vital energy was underlined by the use of oxidised gold, silver and copper to create pink, green or burnished intervals between the components. Again the very titles – "Seeds" (140) and "Buds" (139) – make the figurative intention clear.
However, these vital forms are incorporated within rigid structural schema. The ambiguously amphibian animals that the artist creates become almost mechanical in composition, with aculei, beaks and fins becoming the components of some sort of war machine. At the same time, the artifice used in the representations makes the creatures almost surreal, or rather seems to conjure up some sort of contemporary fable that lies halfway between the esoteric and the futuristic. The technical mastery shown in working laminae of yellow gold burnished with niello and oxidisation is further enhanced by the addition of small luminous gemstones – diamonds and rubies – whose very original settings underline this metamorphosis of a naturalistic rendition of animal form into some sort of machine.
Paganin gave free rein to her delight in description with a series of pieces dedicated to marine fauna that are distinctly floral in appearance. Anemones, corals, sea urchins and octopuses are all constructed on bases of rigorously primary forms. They move on a myriad of tiny coloured peduncules, minute gold pins on which are threaded river and sea pearls, glass beads and small rubies or peridots. The result is a shifting play of colour that evokes both the creatures' own continually changing form and the flow and ebb of their marine habitat. Within rigorous schema of construction, the artist achieves this flux of colour and organic form thanks to her use of the traditional Venetian technique of glass bead jewellery (the so-called "conterie veneziane"), putting together coloured beads and minute gems to create a chromatic shimmer.
The world of nature would further inspire Paganin at the end of the 1990s to produce a series of jewellery on the theme of fruit and vegetable forms, with small gemstones hidden within the pieces just as seeds are within fruit. Through the use of these settings, the artist plays on the ambiguity of the scarcely glimpsed, of fleeting appearances, with the

assolutamente nuova nell'ambito padovano. Già le prime opere degli anni Ottanta, ideate come sviluppo di spazi entro reticoli geometrici attraversati da linee ondulate, nella denominazione scelta, «Bambù» (141), rivelano l'intento di metamorfosare lo strutturalismo in una gestazione organica. Nella ripetitività degli elementi modulari delle sue prime collane, l'artista interviene sulle leggere lamelle imprimendovi minime convessità per cui il moto, che le fa vibrare, attribuisce loro forza vitale accentuata dalle intervallate colorazioni rosa, verdi, brune delle ossidazioni dell'oro, dell'argento, del rame: i titoli «Semi» (140) o «Germogli» (139) definiscono ulteriormente l'intento figurativo.
L'esigenza della rappresentazione naturalistica s'innesta nella specifico assetto strutturale del lavoro dell'artista che obbliga le forme vitali in rigidi schemi. I suoi animali, di ambigua caratterizzazione anfibia, sono contraddistinti da una meccanicità, dove aculei, rostri, pinne assumono modalità automatiche che li rendono quasi macchine guerresche. Inventa una figurazione artificiale che rende surreali le creature o meglio le rimanda alla contemporanea favolistica tra esoterismo e avvenirismo tecnologico. L'ineccepibile tecnica nella lavorazione dell'oro giallo a lamine, con interventi di bruni nielli o ossidazioni, si arricchisce della luminosità di piccole gemme, diamanti o rubini, che nella loro incastonatura del tutto originale accentuano l'effetto di congegno, di meccanismo in cui la figurazione animalistica si è metamorfosata.
Paganin si concede un momento di felice abbandono descrittivo in una serie di gioielli dedicati alla fauna marina di cui esalta l'apparenza floreale: gli anemoni, i coralli, i ricci, i polipi, sempre costruiti su basi rigorosamente primarie, si muovono per l'effetto di una miriade di peduncoli colorati, resi con minimi aghi d'oro, in cui sono infilate perline di fiume o di mare, perle di vetro, piccoli rubini o peridoti, in un gioco coloristico continuamente cangiante che rende insieme l'idea del flusso marino del loro habitat e la mutevolezza continua delle forme. Paganin rievoca le antiche tecniche, in uso nel gioiello popolare veneziano, produttore di meravigliose creazioni con perle di vetro, dette «conterie veneziane». L'artista, con l'utilizzo di piccole gemme e perline colorate in un continuo effetto tremblant, *cede alla flessuosità cromatica, alla flessibilità organica, alla variabilità figurativa, pur nel rigore degli schemi costruttivi.*
Al mondo naturalistico Paganin dedica, alla fine degli anni Novanta, una serie di gioielli ispirati

139

Barbara Paganin
Necklaces (detail), "Buds", yellow gold, silver, copper, 1992

*Barbara Paganin
Collane (particolare), «Germogli», oro giallo, argento, rame, 1992*

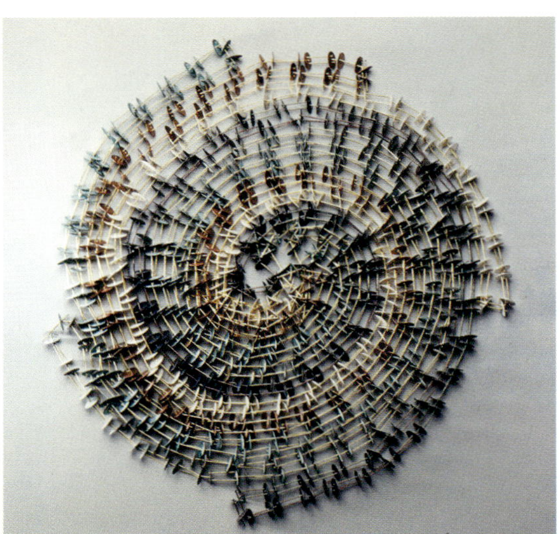

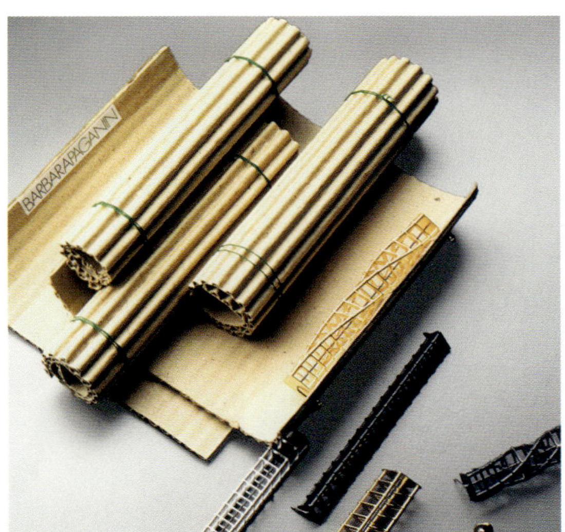

140 / left / a sinistra

Barbara Paganin
Necklaces, "Seeds", yellow gold, different patinated and oxidized metals, 1990

*Barbara Paganin
Collane, «Semi», oro giallo, metalli vari patinati e ossidati, 1990*

141

Barbara Paganin
Brooches, "Bamboo", silver, different colours, 1993

*Barbara Paganin
Spille, «Bambù», argento con colorazioni diverse, 1993*

142
Barbara Paganin
Brooch, "Dittero", yellow gold, silver, steel, diamonds cut brillant, 1994

Barbara Paganin
Spilla, «Dittero», oro giallo, argento, acciaio, diamanti taglio brillante, 1994

143
Barbara Paganin
Brooch, "Fasmoideo", yellow gold, diamonds cut brillant, 1994

Barbara Paganin
Spilla, «Fasmoideo», oro giallo, diamanti taglio brillante, 1994

144
Barbara Paganin
Ring, "Formicariccio", yellow gold, oxidized silver, diamonds cut brillant, 1990

Barbara Paganin
Anello, «Formicariccio», oro giallo, argento ossidato, diamanti taglio brillante, 1990

145 / left / a sinistra

Barbara Paganin
Bracelet, "Twelve valves", yellow gold, oxidized silver, river pearls, conterie veneziane, 1999

Barbara Paganin
Bracciale, «12 valve», oro giallo, argento ossidato, perle di fiume, conterie veneziane, 1999

146

Barbara Paganin
Brooch, "White sea anemone", yellow gold, oxidized silver, conterie veneziane, 1996

Barbara Paganin
Spilla, «Anemone bianco», oro giallo, argento ossidato, conterie veneziane, 1996

147

Barbara Paganin
Brooch, "White and red berry", yellow gold, oxidized silver, river pearls, spinels, conterie veneziane, 1999

Barbara Paganin
Spilla, «Bacca bianca e bacca rossa», oro giallo, argento ossidato, perle di fiume, spinelli, conterie veneziane, 1999

148

Barbara Paganin
Ring, "Sud-Ovest III Rock", yellow gold, oxidized silver, diamond cut brillant, 2001

Barbara Paganin
Anello, «Roccia di sud ovest III», oro giallo, argento ossidato, diamante taglio brillante, 2001

result that almost unnoticeable chromatic variations endow the works with a very mysterious allure.
This very productive period in the use of colour would be followed by a work that exploits the potential of black. Using the technique of *cire perdue*, Paganin gives a full-bodied rendition of a sea bed habitat, including all the mysterious anfractuosities, the sedimented rock and the various plant and animal accretions of such an environment. The darkness of the rough and eroded surface is created through the use of niello, lacquers and the oxidisation of silver, whilst clots, filaments and shavings of gold reproduce the various excrescences into which are set dark, uncut or highly polished diamonds. The resulting gleams and flashes of light against what appears to be dark volcanic rock suggests the very pulse of life, the elemental micro-organisms and plant life that proliferate within the sea bed.

Having taken his diploma at the Venice State Institute of Art, Aldo Boschin would from the 1970s onwards work upon the application of kinetic ideas to both sculpture and environmental installations. He then learned of the application of such visual techniques to jewellery through his association with the Galleria Sincron in Brescia, where Bruno Munari, a great Italian artist who was also an important precursor of the ideas behind Kinetic and Programmatic Art, worked on jewellery design (an area of activity which, as we have already seen, involved numerous important international artists of the day).
Boschin initially worked solely as a designer of jewellery; but his contacts with the Padua School led him to extend his knowledge of the different techniques to be used in working metals and soon he was producing his own works.
Clearly influenced by the ideas and theories of Bruno Munari, these pieces focus on primary volumes – particularly the cube – within which Boschin explores the dialectics of construction and deconstruction. The artist created works made up of components that could be fitted together or taken apart, mobile structures within which parts were continually interchangeable. The assembly of form is an unending process, allowing unlimited alternatives of juxtaposition and combination to the eventual wearer of the piece.
Another interesting series of works was made up of rectangular forms in stainless steel which the artist described as 'ramifications'. Put together according to precise procedures and proportions, these created an effect of mobility

ai frutti e ai vegetali, risolti con l'intervento di piccole gemme, spesso nascoste all'interno del frutto o del legume così come in natura abitualmente si collocano i semi. L'artista, ingabbiando le pietre preziose, gioca con l'ambiguità dell'intravisto, del simulato, del fugace, per dare all'opera misteriose e minime variazioni cromatiche, appena avvertibili.
Una vera opera al nero è quella che segue a questo periodo di felicità coloristica con l'uso di una nuova tecnica, la cera persa, che permette a Paganin di raffigurare, con una corposa plasticità volumetrica, i fondali marini. L'artista ne scruta i misteriosi anfratti, le terre macerate, le rocce sedimentate, alterate da aggregazioni zoomorfiche e da fossili vegetali. Il buio delle superfici rugose, forate, erose è dato dalla mistura del bruno dei nielli, delle lacche, delle ossidazioni sull'argento, mentre l'oro, raccolto in grumi, in filamenti, in trucioli mima rozze escrescenze che incastonano diamanti scuri, grezzi o a taglio brillante. I lucori, le improvvise illuminazioni sulle oscure sagome, come nere rocce laviche, sembrano pulsare di una inattesa tensione vitale suggerendo il proliferare di microrganismi, di vegetazioni biomorfiche ed elementari.

Aldo Boschin, diplomato all'Istituto Statale d'Arte di Venezia, opera sin dagli anni Settanta nell'ambito di elaborazioni cinetiche applicate alla scultura e agli spazi ambientali. Conosce le applicazioni visuali adattate al gioiello frequentando la Galleria Sincron di Brescia dove opera uno dei maggiori artisti italiani, teorico e precursore dell'Arte Programmata e Cinetica, Bruno Munari, che, come altri grandi artisti internazionali, progetta anche gioielli.
Boschin, inizialmente, lavora solo come disegnatore, ma i contatti con la cultura padovana lo conducono all'approfondimento conoscitivo della tecnica dei metalli che, presto, gli permette di attuare personalmente i propri lavori.
Le sue opere, segnate dalle teorizzazioni di Bruno Munari, si esercitano intensamente con modelli volumetrici, in particolare il cubo, nel cui spazio l'autore crea ogni possibile composizione e scomposizione dialettica. Realizza opere componibili e scomponibili, elaborando strutture mobili, con elementi di continua variabilità e interscambiabilità. Il suo lavoro di smontaggio e rimontaggio di porzioni di volumi procura al gioiello una possibilità combinatoria che lo stesso fruitore può determinare con propri interventi in un progetto aperto a soluzioni illimitate.
Interessante è anche la serie programmata di forme rettangolari di acciaio inossidabile,

149 / left / a sinistra

Aldo Boschin
Ring, "Cubic space", yellow gold, 1982

Aldo Boschin
Anello, «Spazio cubico», oro giallo, 1982

150

Aldo Boschin
Ring, "Cube", yellow gold, stainless steel, 2000

Aldo Boschin
Anello, «Cubo», oro giallo, acciaio inossidabile, 2000

151 / left / a sinistra

Aldo Boschin
Ring, "Cube", yellow gold, steel, plexiglas, 2003

Aldo Boschin
Anello, «Cubo», oro giallo, acciaio, plexiglas, 2003

152

Aldo Boschin
Ring, "Mobile sphere in cubic space", yellow gold, stainless steel, zircon, 2003

Aldo Boschin
Anello, «Sfera mobile in spazio cubico», oro giallo, acciaio inossidabile, zircone, 2003

**within the piece thanks to the impression of flux from one sheet to the next.
Boschin's work can, therefore, be seen within the context of the experimental works created by the Padua School, particularly those of the artists influenced by Kinetic Art (with whom he participated in numerous exhibitions).**

A young artist from Bassano whose work can be linked with that of the Padua Group is Luca Bonato, who significantly used not only gold and silver but also such synthetic materials as plexiglass (of which he revealed himself to be a great master). Given that this material can be opaque, transparent or shiny, it offered the chance for combining great chromatic variations with the rigorous geometry typical of the work of the Padua School; the very qualities of the plastic meant the artist could explore the ambiguities and contradictions of such geometrical form. Bonato's works in gold and silver were equally important, playing on the possibilities of movement within rings comprising half restricted spheres and circles or numerous two-dimensional frames that move in different directions (153). Some years ago, Bonato gave up jewellery-making to concentrate on the use of plastics in industrial design.

***denominate «ramificazioni», che, nella loro aggregazione variata secondo precise modalità e misure, creano figurazioni dall'apparente mobilità data dall'illusione di un flusso passante tra foglio e foglio.
La sua attività trova corrispondenza con alcuni filoni della Scuola di Padova, in particolare con gli artisti legati all'Arte Cinetica, con cui partecipa a molte mostre.***

Un giovane artista di Bassano, legato alle sperimentazioni padovane, è Luca Bonato. Le sue opere, oltre che in oro e in argento, sono oltremodo significative per l'uso di materiali sintetici, come il plexiglas, materia di cui è un grande esperto. L'assunzione delle normative cinetiche della ricerca padovana trova in questo materiale che può essere trasparente, opaco, luminoso, soluzioni ricche di interventi coloristici nel rigore di una geometria a cui, proprio le caratteristiche della plastica, permettono dialettiche ambigue, contraddittorie. Importanti sono le opere in oro e argento di Bonato, sempre costruite con giochi di reale mobilità applicata ad anelli con sfere o cerchi semoventi o plurimi riquadri dalle contrastanti movimentazioni (153). Da alcuni anni Bonato ha abbandonato il settore del gioiello per operare, sempre utilizzando materie plastiche, nella produzione sia industriale che di ricerca di prodotti di design.

153

Luca Bonato
Ring, "Turning disc and spheres", yellow gold, circa 1988

Luca Bonato
Anello, «Dischi e sfere ruotanti», oro giallo, 1988 circa

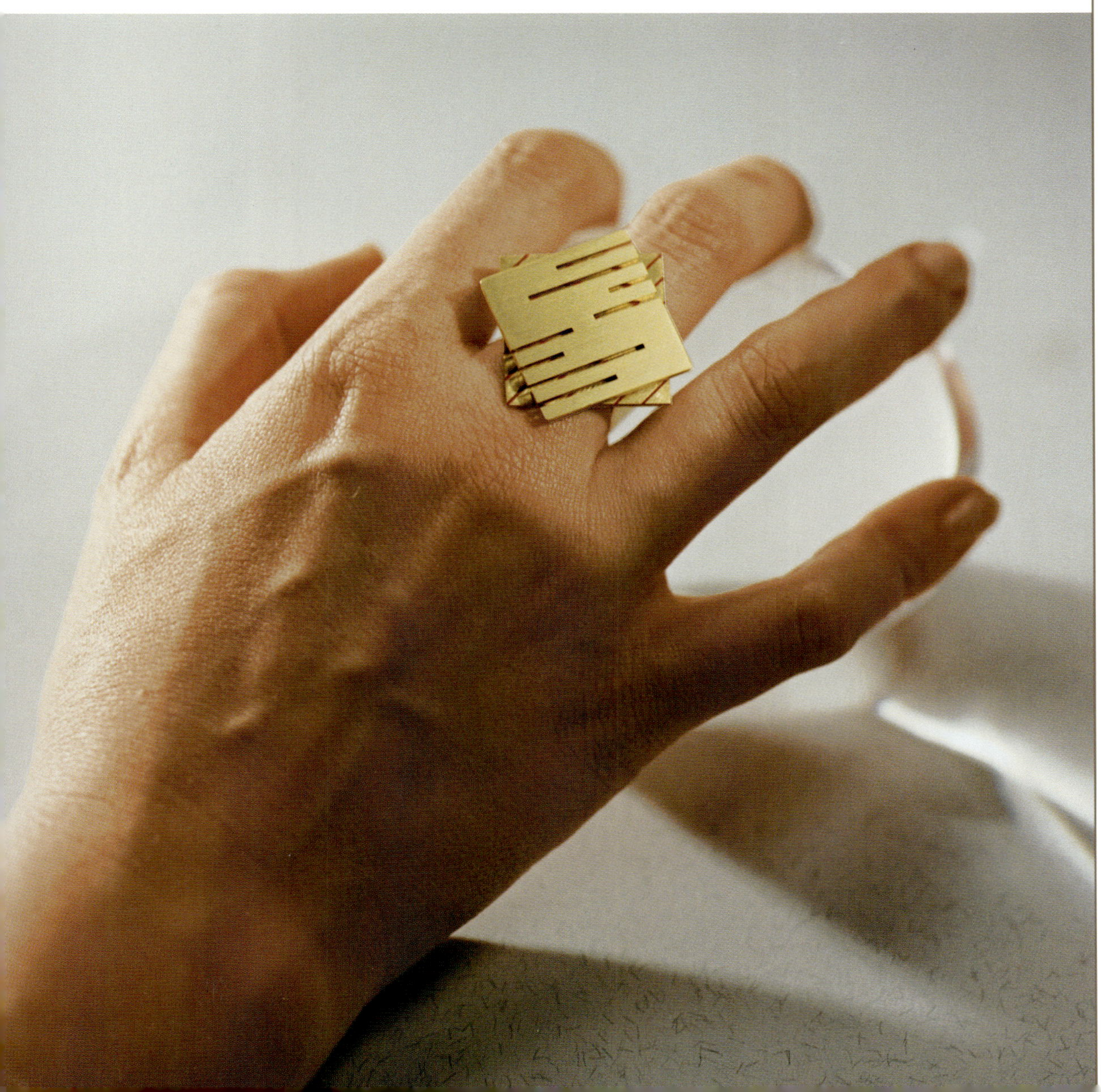

154

Luca Bonato
Ring, yellow gold, red enamel, circa 1988

Luca Bonato
Anello, oro giallo, smalto rosso, 1988 circa

Retrospective Section of Exhibitions

Biographies

Bibliography

Sezione retrospettiva delle esposizioni

Biografie

Bibliografia

Retrospective Section of Exhibitions
Sezione retrospettiva delle esposizioni

Mention has already been made of the Italian exhibitions at which Mario Pinton participated from the 1950s onwards: prestigious international events such as the Milan Triennale and the Decorative Arts section of the Venice Biennale. Francesco Pavan, too, would from the 1970s onwards be invited to exhibit at the Biennale; but it is clear from a study of the curriculum of the two artists – and those of the younger generations who came after them – that very quickly the most important exhibitions at which they showed their work were not in Italy but abroad, both within and without Europe.

Throughout the 1970s and 1980s various Italian cities – Rome, Milan, Turin, Florence, Fano and Arezzo – saw numerous exhibitions, curated by important critics, dedicated to the theme of jewellery-making and design. However, with the exception of those in Vicenza – at which Pinton participated – the artists of the Padua School are conspicuous by their absence. This remarkable oversight is counterbalanced by their continual presence at important international fairs, museums and foundations, with public institutions not only serving to introduce their work to the public but also acquiring pieces for their own collections. Within the vast number of such top-level initiatives to be found throughout Europe – particularly in Austria, Germany, Holland and England – there are two centres that stand out, not only for the continuity of their dedication to the theme of jewellery but also for the depth of the critical analysis they provide. One is to be found in Pforzheim, a city with an old tradition of jewellery-making, where the Schmuckmuseum contains not only a sizeable historical collection

***Si è già** dato rilievo alle mostre a cui partecipò Mario Pinton, a partire dagli anni Cinquanta, in sedi italiane di grande prestigio internazionale, quali la Triennale di Milano e la Biennale di Venezia nel settore dedicato alle Arti Decorative. Anche Francesco Pavan, negli anni Sessanta, fu più volte invitato alla Biennale di Venezia, ma dal controllo dei curricula di entrambi gli artisti, e di quelli più giovani che, successivamente, prenderanno parte a eventi espositivi, si fa evidente come sin da allora sia stata costante la loro partecipazione a mostre straniere, in Europa e in altri paesi, piuttosto che in Italia.*

***Dagli anni Sessanta** agli anni Ottanta anche l'Italia, in città come Roma, Milano, Torino, Firenze, Fano, Arezzo conobbe una straordinaria vitalità espositiva con mostre organizzate da istituzioni pubbliche, curate anche da grandi critici, ed è singolare come in queste rassegne, fatta eccezione per qualche esposizione a Vicenza, a cui partecipa Pinton, gli autori padovani fossero totalmente assenti. Questa clamorosa esclusione è controbilanciata dalla loro continua adesione alle più importanti manifestazioni presso Musei, Fondazioni, Fiere internazionali. È importante segnalare che le istituzioni pubbliche non solo svolgevano un'attività culturale e informativa ma acquisivano le opere degli artisti per le loro collezioni permanenti. In Europa vi è un pullulare di iniziative di alto livello culturale, ma, tra gli innumerevoli avvenimenti, in particolare in Austria, in Olanda e in Inghilterra, si possono individuare due poli dominanti, caratterizzati dalla continuità operativa e dall'approfondimento critico delle opere degli artisti selezionati: l'uno è*

left / a sinistra

Cover of the catalogue for the exhibition "10 Orafi Padovani" Schmuckmuseum Pforzheim 22nd January – 4th April 1983 also in Hanau, Antwerp and Zurich

Copertina del catalogo «10 Orafi Padovani» Schmuckmuseum Pforzheim 22 Gennaio – 4 Aprile 1983 anche in Hanau, Anversa e Zurigo

Invitation for the exhibition "Giampaolo Babetto. Konzeptueller Schmuck" Museum für Kunst und Gewerbe, Hamburg 29th January – 28th March 1993

Invito della esposizione «Giampaolo Babetto. Konzeptueller Schmuck» Museum für Kunst und Gewerbe, Amburgo 22 Gennaio – 28 Marzo 1993

covering jewellery through the ages but also has a section dedicated to contemporary art; the other is Munich, where since the first decades of the twentieth century the Akademie der Bildenden Künste's jewellery-making department has been run by some of the major artists and teachers working in the field.

Since the 1960s Pforzheim has been home to various competitive events, such as the *Internationaler Wettbewerb des Schmuckmuseums*, the important series of *Tendenzen* shows and a number of one-man exhibitions dedicated to individual artists. The city's 1989 *Ornamenta* exhibition still remains unsurpassed in quality and range.

Long present in the collective shows, the work of the Padua School would be the object of an individual exhibition organised in 1983 by Fritz Falk, director of the Schmuckmuseum. Entitled '10 Orafi Padovani', the event would then move from Pforzheim to the Deutsches Goldschmiedehaus in Hanau, the Provinciaal Diamantmuseum in Antwerp and the Musée de Bellerive in Zurich. Curated by Fritz Falk himself, the accompanying catalogue would contain critical essays by Guido Gregoretti, Curator of the Museo Poldi Pezzoli in Milan, and by Mario Pinton. One should note that it was this travelling exhibition which led to the various artists involved being collectively referred to as the "Padua School".

In Munich – where the Akademie der Bildenden Künste attracts students from all over the world – 1950 saw the scholar Herbert Hofmann begin an intense period of activity that resulted in the establishment of a number of annual exhibitions. First came 'Form und Qualität' (successively renamed 'Exempla'), an event that

Pforzheim, città di antica tradizione orafa, con l' importante Schmuckmuseum che raccoglie gioielli di ogni tempo, affiancato a una sezione dedicata all'arte contemporanea; l'altro è Monaco di Baviera, con l'Akademie der Bildenden Künste dove, sin dai primi decenni del Novecento, fu istituito uno specifico dipartimento dedicato all'insegnamento dell'arte del gioiello, diretto dai maggiori docenti e artisti tedeschi.

A Pforzheim, sin dagli anni Sessanta, sono molte le rassegne che si ripetono organizzate come concorsi, quali Internationaler Wettbewerb des Schmuckmuseums; *importante è la serie di* Tendenzen, *così come le mostre monografiche dedicate a singoli autori. Una delle più grandi esposizioni, a tutt'oggi insuperata per qualità selettiva e ricchezza di opere, fu* Ornamenta *del 1989. L'arte padovana, sempre presente nelle molteplici manifestazioni, è oggetto di una collettiva nel 1983, organizzata da Fritz Falk, direttore dello Schmuckmuseum, intitolata «10 Orafi Padovani», che, dalla sede di Pforzheim, segue un percorso che interessa il Deutsches Goldschmiedehaus di Hanau, il Provinciaal Diamantmuseum di Anversa e il Museo di Bellerive di Zurigo. Il catalogo, a cura dello stesso Fritz Falk, presenta testi critici in tedesco di Guido Gregoretti, direttore del Museo Poldi Pezzoli di Milano, e di Mario Pinton. E' da segnalare che fu proprio questa mostra itinerante ad assegnare al gruppo degli autori padovani la denominazione di «Scuola di Padova».*

A Monaco, accanto all'intensa attività didattica condotta presso l'Akademie der Bildenden Künste, a cui accedono allievi provenienti da ogni parte del mondo, sin dal 1950 si manifesta

Cover of the catalogue for the exhibition "Renzo Pasquale, Francesco Pavan, Diego Piazza, Giuliano Reveane, Graziano Visintin. Goldschmiede-kunst"
Galerie Atrium, Basel
9th May – 5th June 1981
also in Vienna

Copertina del catalogo «Renzo Pasquale, Francesco Pavan, Diego Piazza, Giuliano Reveane, Graziano Visintin. Goldschmiedekunst»
Galerie Atrium, Basilea
9 Maggio – 5 Giugno 1981
anche in Vienna

was part of the International Trade Fair, then in 1959, again under the aegis of the Fair, Hofmann initiated another international exhibition whose contents were chosen after a preliminary selection of material by individual national panels. This show, too, would pass through a number of names: known as the 'Internationale Schmuckschau' from 1959 to 1982, it subsequently became 'Material – Schmuck und Gerät' (1983), 'Schmuck und Gerät' (1984), 'Form, Formel, Formalismus' (1985), 'Schmuckzene' (1987-1995) and, since 1996, has gone under the shorter title of 'Schmuck'. Since the death of Herbert Hofmann in 1973 it also includes a special prize named after him. One of the most prestigious such awards in the world, this went to Francesco Pavan in that very first year (and would again be presented to him on two other occasions, in 1985 and 1989). Other Paduan jewellery-makers would also win the 'Herbert Hoffman' repeatedly – for example, Giampaolo Babetto – and the award would later go to the younger artists making up the third generation of the Padua School.
Alongside public institutions, various private galleries – in Munich, Vienna and London – were undertaking pioneering work in bringing contemporary jewellery art to the attention of the public, with the curators themselves often writing or promoting important critical texts on the argument. For example, the Galerie am Graben in Vienna would – together with the Galerie Atrium in Basle – organise the first international show of the Padua group in 1981, publishing a small but significant catalogue with a critical essay by Lina Ossi. In London, Barbara Cartlidge, curator of one of the

la straordinaria azione culturale dello studioso Herbert Hofmann che determina la nascita di strutture espositive annuali. La prima esposizione, denominata «Form und Qualität», modificata successivamente in «Exempla», fu realizzata nel 1950 nell'ambito della International Trade Fair.
Sempre Herbert Hofmann nel 1959 crea una seconda sede espositiva articolata all'interno dell'International Trade Fair: anche questa istituzione prevedeva manifestazioni annuali, regolate come concorsi a premi, in una severa selezione basata su preliminari segnalazioni attuate da commissioni di esperti dei diversi Paesi del mondo. Pure questa manifestazione, nel tempo, assume denominazioni diverse quali, «Internationale Schmuckschau» 1959-1982, «Material – Schmuck und Gerät» 1983, «Schmuck und Gerät» 1984, «Form, Formel, Formalismus» 1985, «Schmuckszene» 1987-1995, sino all'attuale nome «Schmuck», dal 1996. Dopo la scomparsa di Herbert Hofmann, viene istituito, nel 1973, un premio a lui intitolato che diventa uno dei massimi riconoscimenti internazionali. Nella prima edizione del 1973 Francesco Pavan viene insignito del premio, che gli verrà conferito ancora nel 1985 e nel 1989. Altri autori padovani otterranno il premio, anche ripetutamente, come Giampaolo Babetto, e non ne saranno esclusi neppure alcuni dei più giovani artisti della terza generazione.
Va sottolineato che accanto al proliferare di manifestazioni istituzionali lavorano a Monaco, come a Vienna e a Londra, gallerie private che svolgono un'attività pionieristica nella difficile diffusione della cultura orafa contemporanea. Spesso conduttori e responsabili di gallerie

Cover of the catalogue for the exhibition "Giampaolo Babetto" Galerie am Graben, Vienna 4th June – 31st June 1984

Copertina del catalogo «Giampaolo Babetto» Galerie am Graben, Vienna 4 Giugno – 31 Giugno 1984

foremost jewellery galleries in Europe – the Electrum Gallery – would subsequently write an exhaustive anthological work entitled "Twentieth Century Jewellery"; whilst in Holland, Ton Berends – head of the Nouvelle Image Gallery and later of the Ton Berends Studio – would, along with the Galerie Marzee, publish rich critical catalogues to accompany exhibitions of work. In more recent years, the intense work of Helen Drutt, head of the Helen Drutt Gallery in Philadelphia, has been of noteworthy importance, comprising contributions to important monographical and anthological works. Hence, rich critical attention has been dedicated to the discussion and assessment of the Padua School, identifying the group's place in the history of contemporary jewellery design and revealing the classical contribution made by its complex and wide-ranging field of experimentation. What is more, various young authors have created work that raises new questions and opens new areas of study for a fuller understanding of the remarkable shift and rupture brought about by the exquisitely-balanced geometrical abstractions which are such a hallmark of the work produced in Padua.

scrivono o promuovono testi importanti sulla gioielleria contemporanea: la Galleria am Graben di Vienna insieme alla Galleria Atrium di Basilea organizza la prima mostra internazionale di un gruppo padovano, nel 1981, pubblicando un piccolo ma significativo catalogo con un testo critico di Lina Ossi. A Londra, Barbara Cartlidge, direttrice di una delle prime gallerie europee, l'Electrum Gallery, scrive una esauriente antologia «Twentieth Century Jewellery»; in Olanda Ton Berends, responsabile della Galleria Nouvelle Image, e successivamente del Ton Berends Studio e la Galleria Marzee realizzano ricche pubblicazioni a commento critico delle loro esposizioni. Negli anni più recenti s'impone l'intensa attività critica di Helen Drutt, direttrice della Helen Drutt Gallery – Philadelphia, che collabora ai libri più importanti dedicati sia a testi monografici che antologici. La cultura padovana riceve quindi indagini critiche, valutazioni e studi approfonditi, collocandosi nella storia del gioiello contemporaneo come una sperimentazione, già considerata classica: ma alcuni giovani autori dell'ultima generazione suscitano con le loro opere interrogativi e disamine nuovi per quell'effetto dirompente e di rottura dei meravigliosi equilibri dell'astrazione geometrica in cui l'immagine padovana era venuta a identificarsi.

Biographies
Biografie

Giampaolo Babetto

1947 Born in Padova (I)
1966 Takes his diploma at the Istituto Statale d'Arte "Pietro Selvatico" in Padova (I)
1969-83 Teaches professional design at the Istituto Statale d'Arte "Pietro Selvatico" in Padova (I)
1983 Teaches metalwork, goldsmithing and design as Visiting Lecturer at the Rietveld Academie in Amsterdam (NL)
1984 With Euro Pavenetto works on the architectural design for the exhibition "Gioiello, Arte Contemporanea d'Austria", Biennale di Venezia 1984, Ateneo San Basso, St. Mark's Square, Venezia (I)
1985 Teaches at the Fachhochschule di Düsseldorf (D)
1987-88 Holds a course on design at the University of San Diego (USA)
1989 Teaches at the Istituto Europeo del Design, Milano (I)
1993 Teaches at the Sommer-Akademie di Graz (A)
1994 Teaches at the Rhode Island School of Design in Providence (USA)
1995 Teaches Design at the Summer Academy in Salzburg (A)
1996 Teaches at Rhode Island School of Design in Providence (USA)
1998 Teaches design at the Summer Academy in Salzburg
2000-03 Teaches at the Scuola di Gioielleria Contemporanea Alchimia in Firenze (I)
2002 Design for the Marunouchi Building for Mitsubishi Estate Co. Ltd., Tokyo (J)

AWARDS

1975 Herbert Hofmann Award, München (D)
1983 First Prize at "International Jewellery Art Exhibition", 5th Tokyo Triennial, Tokyo (J)
1985 Herbert Hofmann Award, München (D)
1991 Gold Medal at the Bayerischer Staatspreis, München (D)
1998 Ring of Honour at the "Foundation of the Ring of the Honour of the Association of Goldsmiths' Art", Hanau (D)
2003 RIDS New York Athena Awards for "excellent career", Providence (USA)

MUSEUMS AND PUBLIC COLLECTIONS

Schmuckmuseum Pforzheim – Pforzheim (D)
Danner Stiftung, Pinakothek der Moderne – München (D)
Victoria & Albert Museum – London (GB)
National Gallery of Western Australia – Perth (AUS)
Musée des Arts Décoratifs – Paris (F)
Musée d'Art Contemporain – Nice (F)
Museum für Kunst und Gewerbe – Hamburg (D)
Nordenfjeldske Kunstindustrimuseum – Trondheim (N)
Kunstgewerbemuseum – Berlin (D)
Museum für Konkrete Kunst – Ingolstadt (D)
Museu Textil d'Indumentària – Barcelona (E)
Museum of Art, Rhode Island School of Design – Providence, Rhode Island (USA)
Museum für Angewandte Kunst – Frankfurt (D)
Grassimuseum – Leipzig (D)
Museo d'Arte Arti Applicate e Decorative. Museo Bottacin, Palazzo Zuckermann – Padova (I)

Giampaolo Babetto

1947 *Nasce a Padova (I)*
1966 *Consegue il diploma presso l'Istituto Statale d'Arte «Pietro Selvatico» di Padova (I)*
1969-83 *Insegna disegno professionale e progettazione all'Istituto Statale d'Arte «Pietro Selvatico» di Padova (I)*
1983 *Insegna arte dei metalli, oreficeria e progettazione come Visiting Lecturer alla Rietveld Academie di Amsterdam (NL)*
1984 *Ideazione e progettazione architettonica con Euro Pavanetto dell'esposizione «Gioiello, Arte Contemporanea d'Austria», Biennale di Venezia 1984, Ateneo San Basso, Piazza San Marco, Venezia (I)*
1985 *Insegna presso la Fachhochschule di Düsseldorf (D)*
1987-88 *Tiene un corso di progettazione all'Università di San Diego (USA)*
1989 *Insegna all' Istituto Europeo del Design, Milano (I)*
1993 *Insegna alla Sommer-Akademie di Graz (A)*
1994 *Insegna alla Rhode Island School of Design di Providence (USA)*

1995 *Insegna progettazione all'Accademia estiva di Salzburg (A)*
1996 *Insegna alla Rhode Island School of Design di Providence (USA)*
1998 *Insegna progettazione all'Accademia estiva di Salzburg (A)*
2000-03 *Insegna alla Scuola di Gioielleria Contemporanea Alchimia di Firenze (I)*
2002 *Progetto al Marunouchi Building per Mitsubishi Estate Co. Ltd., Tokyo (J)*

PREMI
1975 *Premio Herbert Hofmann, München (D)*
1983 *Primo premio della «International Jewellery Art Exhibition», 5th Tokyo Triennial, Tokyo (J)*
1985 *Premio Herbert Hofmann, München (D)*
1991 *Medaglia d'oro al Bayerischer Staatspreis, München (D)*
1998 *Anello d'Onore «Foundation of the Ring of the Honour of the Association of Goldsmiths' Art», Hanau (D)*
2003 *RIDS New York Athena «Premio alla Carriera», Providence (USA)*

MUSEI E COLLEZIONI PUBBLICHE
Schmuckmuseum Pforzheim – Pforzheim (D)
Danner Stiftung, Pinakothek der Moderne – München (D)
Victoria & Albert Museum – London (GB)
National Gallery of Western Australia – Perth (AUS)
Musée des Arts Décoratifs – Paris (F)
Musée d'Art Contemporaine – Nice (F)
Museum für Kunst und Gewerbe – Hamburg (D)
Nordenfjeldske Kunstindustrimuseum – Trondheim (N)
Kunstgewerbemuseum – Berlin (D)
Museum für Konkrete Kunst – Ingolstadt (D)
Museu Textil d'Indumentària – Barcelona (E)
Museum of Art, Rhode Island School of Design – Providence, Rhode Island (USA)
Museum für Angewandte Kunst – Frankfurt (D)
Grassimuseum – Leipzig (D)
Museo d'Arte Arti Applicate e Decorative. Museo Bottacin, Palazzo Zuckermann – Padova (I)

Luca Bonato

1962 Born at Marostica (Vicenza) (I)
Since 1983 Works using polymethyal methacrylate – better known as plexiglas – later using this in conjunction with such materials as gold and silver
In 1998 Stops working in the area of jewellery-making to dedicate himself to the exploration of the use of plastics in industrial design

Luca Bonato

1962 *Nasce a Marostica (Vicenza) (I)*
Dal 1983 *Lavora utilizzando un materiale plastico, il polimetilmetacrilato, meglio conosciuto come plexiglas. In seguito applica il plexiglas ad altri materiali quali l'oro e l'argento*
Dal 1998 *Cessa l'attività di ricerca nell'ambito del gioiello e si dedica alla direzione di una industria di materie plastiche, realizzando opere di design*

Aldo Boschin

1942 Born in Mestre (Venezia) (I)
1962 Takes his diploma at the Istituto Statale d'Arte di Venezia (I)
1968-2000 Teaches pictorial decoration techniques at the Istituto Statale d'Arte di Venezia (I)

Aldo Boschin

1942 *Nasce a Mestre (Venezia) (I)*
1962 *Consegue il diploma presso l'Istituto Statale d'Arte di Venezia (I)*
1968-2000 *Insegna tecniche per la decorazione pittorica presso l'Istituto Statale d'Arte di Venezia (I)*

Giorgio Cecchetto

1958 Born in Padova (I)
1977 Takes his diploma at the Istituto Statale d'Arte "Pietro Selvatico" in Padova (I)
1980-91 Holds jewellery design courses at Art Didacta, Innsbruck (A)

MUSEUMS AND PUBLIC COLLECTIONS
Danner Stiftung, Pinakothek der Moderne – München (D)

Giorgio Cecchetto

1958 *Nasce a Padova (I)*
1977 *Consegue il diploma presso l'Istituto Statale d'Arte «Pietro Selvatico» di Padova (I)*
1980-91 *Tiene corsi di progettazione del gioiello presso Art Didacta, Innsbruck (A)*

MUSEI E COLLEZIONI PUBBLICHE
Danner Stiftung, Pinakothek der Moderne – München (D)

Giovanni Corvaja

1971 Born in Padova (I)
1990 Takes his diploma at the Istituto Statale d'Arte "Pietro Selvatico" in Padova (I)
1992 Takes his Master of Arts at the Royal College of Art in London (GB)
1998 Gives lecture on the ancient Etruscan technique of granulation at the Edinburgh College of Art in Edinburgh (GB)
1998 Holds lesson on his work at a conference organised by the Association for Contemporary Jewellery
1999 Holds lecture on the pursuit of lightness in his jewellery designs at the "Reden über Gestaltung" seminar in Potsdam (D)
2000 "Masters of the 21st century", lecture on his work at "SOFA", New York (USA)
2000 "9th Jewellery Symposium", Erfurt (D)
2001 "Granulation: Antike Geheimnisse für das 21. Jahrhundert", Summer Workshop on Granulation at the Zeichenakademie in Hanau (D)
2002 Platinum course at the Estonian Art Academy, Tallinn (EE)
2002 Holds lesson at the SNAG Conference in Denver, Colorado (USA) – plus a post-lecture workshop on the use of platinum
2002 Granulation course at the Haywood Community College, Asheville, North Carolina (USA)
2002 Granulation course at the University of Central England, Birmingham (GB)
2002 "Granulation: Antike Geheimnisse für das 21. Jahrhundert", Summer Workshop on Granulation at the Zeichenakademie in Hanau (D)
2002 Granulation course at Luzern (CH)
2003 Granulation course at Le Arti orafe – Jewellery School, Firenze (I)
2003 Holds lesson as part of the granulation course at Le Arti orafe – Jewellery School, Firenze (I)
2004 Lesson at Le Arti orafe – Jewellery School, Firenze (I)
2004 Granulation course at Le Arti orafe – Jewellery School, Firenze (I)
2004 Granulation course at the University of Central England, Birmingham (GB)
2004 Lecture on the use of metal wire in jewellery-making at Le Arti orafe – Jewellery School, Firenze (I)
2004 Lecture on the use of metal wire in jewellery-making at Luzern (CH)
2004 Lesson at Le Arti orafe – Jewellery School, Firenze (I)

AWARDS
1990 Third Prize "Signaturen", Schwäbisch Gmünd (D)
1991 Second Prize in the "Worshipful Company of Gold and Silver Wyre Drawers Competition", London (GB)
1991 Prizewinner of the Summer Design Project of the Royal College of Art, London (GB)
1992 Herbert Hofmann Award, München (D)
1996 Second Prize "Granulation '96", Pforzheim (D)
1997 Bayerischer Staatspreis, München (D)
1998 Prize for Highly Commended Work, "International Jewellery Art Exhibition '97", Tokyo (J)
1998 Award from the Unione Regionale delle Camere di Commercio dell'Umbria, Terni (I)

MUSEUMS AND PUBLIC COLLECTIONS
Danner Stiftung, Pinakothek der Moderne – München (D)

Royal College of Art, Public Collection – London (GB)
Ayrton Metals Platinum Collection – London (GB)
Musée des Arts Décoratifs – Montreal (CDN)
Musée des Arts Décoratifs – Paris (F)
Landesmuseum Joanneum – Graz (A)
National Museums of Scotland – Edinburgh (GB)
Museum für Kunst und Gewerbe – Hamburg (D)
Kunstgewerbemuseum – Berlin (D)
Toledo Museum of Art – Toledo, Ohio (USA)
Victoria & Albert Museum – London (GB)

Giovanni Corvaja

1971 *Nasce a Padova (I)*
1990 *Consegue il diploma presso l'Istituto Statale d'Arte «Pietro Selvatico» di Padova (I)*
1992 *Consegue il diploma di Master of Arts presso il Royal College of Art di London (GB)*
1998 *Conferenza sull'antica tecnica etrusca della granulazione presso l'Edinburgh College of Art di Edinburgh (GB)*
1998 *Lezione sul suo lavoro presso la conferenza organizzata dall'Association for Contemporary Jewellery*
1999 *Conferenza sulla ricerca della leggerezza nel suo lavoro per il seminario di design «Reden über Gestaltung» a Potsdam (D)*
2000 *«Masters of the 21st century», conferenza sul suo lavoro presso «SOFA», New York (USA)*
2000 *«9th Jewellery Symposium», Erfurt (D)*
2001 *«Granulation: Antike Geheimnisse für das 21. Jahrhundert», Summer Workshop on Granulation presso la Zeichenakademie di Hanau (D)*
2002 *Platinum course presso l'Estonian Art Academy, Tallinn (EE)*
2002 *Lezione presso SNAG conferenza e post conferenza workshop on Platinum a Denver, Colorado (USA)*
2002 *Granulation course presso l'Haywood Community College, Asheville, North Carolina (USA)*
2002 *Granulation course presso l'University of Central England, Birmingham (GB)*
2002 *«Granulation: Antike Geheimnisse für das 21. Jahrhundert», Summer Workshop on Granulation presso la Zeichenakademie di Hanau (D)*
2002 *Granulation course a Luzern (CH)*
2003 *Corso di granulazione presso Le Arti orafe – Jewellery School, Firenze (I)*
2003 *Lezione al corso di granulazione presso Le Arti orafe – Jewellery School, Firenze (I)*
2004 *Lezione presso Le Arti orafe – Jewellery School, Firenze (I)*
2004 *Corso di granulazione presso Le Arti orafe – Jewellery School, Firenze (I)*
2004 *Granulation course presso l'University of Central England, Birmingham (GB)*
2004 *Conferenza sull'uso del filo nella gioielleria presso Le Arti orafe – Jewellery School, Firenze (I)*
2004 *Conferenza sull'uso del filo nella gioielleria a Luzern (CH)*
2004 *Lezione presso Le Arti orafe – Jewellery School, Firenze (I)*

PREMI
1990 *Terzo premio «Signaturen», Schwäbisch Gmünd (D)*
1991 *Secondo premio «Worshipful Company of Gold and Silver Wyre Drawers Competition», London (GB)*
1991 *Vincitore del Premio Estivo per Design, Royal College of Art, London (GB)*
1992 *Premio Herbert Hofmann, München (D)*
1996 *Secondo premio «Granulation '96», Pforzheim (D)*
1997 *Bayerischer Staatspreis, München (D)*
1998 *Premio e Encomio «International Jewellery Art Exhibition '97», Tokyo (J)*
1998 *Premio dell'Unione Regionale delle Camere di Commercio dell'Umbria, Terni (I)*

MUSEI E COLLEZIONI PUBBLICHE
Danner Stiftung, Pinakothek der Moderne – München (D)
Royal College of Art, Public Collection – London (GB)
Ayrton Metals Platinum Collection – London (GB)
Musée des Arts Décoratifs – Montreal (CDN)
Musée des Arts Décoratifs – Paris (F)
Landesmuseum Joanneum – Graz (A)
National Museums of Scotland – Edinburgh (GB)
Museum für Kunst und Gewerbe – Hamburg (D)
Kunstgewerbemuseum – Berlin (D)
Toledo Museum of Art – Toledo, Ohio (USA)
Victoria & Albert Museum – London (GB)

Maria Rosa Franzin

1951 Born in Tripoli (LAR)
1969 Takes her diploma at the Istituto Statale d'Arte "Pietro Selvatico" in Padova (I)
1974 Takes diploma in painting at the Accademia di Belle Arti di Venezia (I)
1975-86 Teaches art at various secondary schools in the Padova area (I)
Since 1986 Teaches in the design, metalwork and jewellery department of the Istituto Statale d'Arte "Pietro Selvatico" in Padova (I)

MUSEUMS AND PUBLIC COLLECTIONS
Museo d'Arte. Arti Applicate e Decorative. Museo Bottacin, Palazzo Zuckermann – Padova (I)

Maria Rosa Franzin

1951 *Nasce a Tripoli (LAR)*
1969 *Consegue il diploma presso l'Istituto Statale d'Arte «Pietro Selvatico» di Padova (I)*
1974 *Consegue il diploma presso l'Accademia di Belle Arti di Venezia, nella sezione di pittura (I)*
1975-86 *Insegna educazione artistica presso alcune scuole medie di Padova e provincia (I)*
Dal 1986 *Insegna nella sezione progettazione e arte dei metalli e dell'oreficeria presso l'Istituto Statale d'Arte «Pietro Selvatico» di Padova (I)*

MUSEI E COLLEZIONI PUBBLICHE
Museo d'Arte. Arti Applicate e Decorative. Museo Bottacin, Palazzo Zuckermann – Padova (I)

Stefano Marchetti

1970 Born in Padova (I)
1989 Takes his diploma at the Istituto Statale d'Arte "Pietro Selvatico" in Padova (I)
1994 Takes his diploma in sculpture at the Accademia di Belle Arti di Venezia (I)
1994-96 Teaches in the metalwork and jewellery department of the Istituto Statale d'Arte "Pietro Selvatico" in Padova (I)
2000 Holds seminar at the Istituto Statale d'Arte di Venezia (I)
2003 Holds seminar at the AFEDAP in Paris (F)

AWARDS
1994 Bayerischer Staatspreis, Internationale Handwerksmesse, München (D)
1994 Talentpreis, Internationale Handwerksmesse, München (D)
1996 Nomination for the Premio città di Todi, Todi (I)
2001 "Internova 2001" incentive award from the Bolzano Chamber of Commerce, Bolzano (I)

MUSEUMS AND PUBLIC COLLECTIONS
Musée des Arts Décoratifs – Paris (F)
Museum voor Moderne Kunst – Arnhem (NL)
Landesmuseum Joanneum – Graz (A)
FNAC - Fonds National d'Art Contemporain – Paris (F)
National Museums of Scotland – Edinburgh (GB)
Museum für Kunst und Gewerbe – Hamburg (D)
Museum of Art & Design – New York (USA)

Stefano Marchetti

1970 *Nasce a Padova (I)*
1989 *Consegue il diploma presso l'Istituto Statale d'Arte «Pietro Selvatico» di Padova (I)*
1994 *Consegue il diploma presso l'Accademia di Belle Arti di Venezia (I), nella sezione di scultura*
1994-96 *Insegna all'Istituto Statale d'Arte «Pietro Selvatico» di Padova (I) nella sezione di arte dei metalli e dell'oreficeria*
2000 *Seminario all'Istituto Statale d'Arte di Venezia (I)*
2003 *Seminario all'AFEDAP di Paris (F)*

PREMI
1994 *Bayerischer Staatspreis, Internationale Handwerksmesse, München (D)*
1994 *Talentpreis, Internationale Handwerksmesse, München (D)*
1996 *Segnalazione al Premio città di Todi, Todi (I)*
2001 *Premio di incentivazione «Internova 2001», Camera di Commercio di Bolzano, Bolzano (I)*

MUSEI E COLLEZIONI PUBBLICHE
Musée des Arts Décoratifs – Paris (F)
Museum voor Moderne Kunst – Arnhem (NL)
Landesmuseum Joanneum – Graz (A)
FNAC - Fonds National d'Art Contemporain – Paris (F)
National Museums of Scotland – Edinburgh (GB)
Museum für Kunst und Gewerbe – Hamburg (D)
Museum of Art & Design – New York (USA)

Paolo Maurizio

1943 Born in Padova (I)
1961 Takes his diploma at the Istituto Statale d'Arte "Pietro Selvatico" in Padova (I)
1963-72 Extensive experience in the use of photography and silkscreen printing with applications in the working of precious and non-precious metals
1966-68 Works at the Atelier des Orfèvres, Padova (I)
1973-75 Technical and Artistic Director of the Atelier des Orfèvres di Longarone (Belluno) (I)
1975-93 Workshop and permanent showroom in Padova (I)
Since 1975 Works in the use of non-conventional techniques applied to the coining of metals. Research in the use of such refractory metals as titanium, tantalum and niobium in the casting of medals and the making of jewellery

AWARDS
1974 Herbert Hofmann Award, München (D)
1975 Sant'Eligio Prize, Museo della Scienza e della Tecnica, Milano (I)

Paolo Maurizio

1943 *Nasce a Padova (I)*
1961 *Consegue il diploma presso l'Istituto Statale d'Arte «Pietro Selvatico» di Padova (I)*
1963-72 *Molteplici esperienze nel campo della fotografia e della serigrafia con applicazioni nella lavorazione dei metalli preziosi e non*
1966-68 *Lavora nell'Atelier des Orfèvres, Padova (I)*
1973-75 *Direzione tecnica e artistica Atelier des Orfèvres di Longarone (Belluno) (I)*
1975-93 *Laboratorio e mostra permanente a Padova (I)*
Dal 1975 *Studi e ricerche nel campo delle tecniche non convenzionali applicate alla coniatura. Ricerche e relative applicazioni dei metalli refrattari (titanio, tantalio, niobio) nel campo della medaglistica e dell'oreficeria*

PREMI
1974 *Premio Herbert Hofmann, München (D)*
1975 *Premio Sant'Eligio, Museo della Scienza e della Tecnica, Milano (I)*

Barbara Paganin

1961 Born in Venezia (I)
1980 Takes her diploma at the Istituto Statale d'Arte di Venezia (I)
1984 Takes her diploma in sculpture at the Accademia di Belle Arti di Venezia (I)
1982-86 Teaches professional design in the metalwork and jewellery department of the Istituto Statale d'Arte di Venezia (I)
1987-88 Teaches professional design at the l'Istituto Statale d'Arte "Pietro Selvatico" in Padova (I)
Since 1988 Teaches professional design at the l'Istituto Statale d'Arte di Venezia (I)

AWARDS
1987 First Prize at the "Schmuck '87" exhibition held in the Haus der Kunst, München (D)
1989 Study grant awarded at the "74° Mostra Collettiva Bevilacqua La Masa", Venezia (I)
1990 Second Prize "Design Wettbewerb Cointreau", München (D)
1998 "Premio Altoatesino internazionale per l'artigianato artistico 1998", Bolzano Craft Fair, Bolzano (I)

MUSEUMS AND PUBLIC COLLECTIONS
Museo d'Arte Moderna di Ca' Pesaro – Venezia (I)
Museum Boijmans Van Beuningen – Rotterdam (NL)
Musée des Arts Décoratifs – Paris (F)
FNAC - Fonds National d'Art Contemporain – Paris (F)
Musée des Arts Décoratifs – Montreal (CDN)
Van Reekum Museum – Apeldoorn (NL)
National Museums of Scotland – Edinburgh (GB)
Schmuckmuseum Pforzheim – Pforzheim (D)
Cooper Hewitt Museum – New York (USA)
Mint Museum – Charlotte, North Carolina (USA)

Barbara Paganin

1961 *Nasce a Venezia (I)*
1980 *Consegue il diploma presso l'Istituto Statale d'Arte di Venezia (I)*
1984 *Consegue il diploma presso l'Accademia di Belle Arti di Venezia, nella sezione di scultura (I)*
1982-86 *Insegna disegno professionale nella sezione metalli e oreficeria presso l'Istituto Statale d'Arte di Venezia (I)*
1987-88 *Insegna disegno professionale e progettazione presso l'Istituto Statale d'Arte «Pietro Selvatico» di Padova (I)*
Dal 1988 *Insegna disegno professionale e progettazione presso l'Istituto Statale d'Arte di Venezia (I)*

PREMI
1987 *Primo premio «Schmuck '87» mostra presso il palazzo Haus der Kunst, München (D)*
1989 *Borsa di studio, «74° Mostra Collettiva Bevilacqua La Masa», Venezia (I)*
1990 *Secondo premio «Design Wettbewerb Cointreau», München (D)*
1998 *«Premio Altoatesino internazionale per l'artigianato artistico 1998», Fiera di Bolzano, Bolzano (I)*

MUSEI E COLLEZIONI PUBBLICHE
Museo d'Arte Moderna di Ca' Pesaro – Venezia (I)
Museum Boijmans Van Beuningen – Rotterdam (NL)
Musée des Arts Décoratifs – Paris (F)
FNAC - Fonds National d'Art Contemporain – Paris (F)
Musée des Arts Décoratifs – Montreal (CDN)
Van Reekum Museum – Apeldoorn (NL)
National Museums of Scotland – Edinburgh (GB)
Schmuckmuseum Pforzheim – Pforzheim (D)
Cooper Hewitt Museum – New York (USA)
Mint Museum – Charlotte, North Carolina (USA)

Renzo Pasquale

1947 Born in Padova (I)
1974 Takes degree in Biology at Padova Univeristy (I)
Since 1971 Teaches jewellery-making at the Istituto Statale d'Arte "Pietro Selvatico" in Padova (I)

AWARDS
1979 Edelsteinpreis, Idar-Oberstein (D)

MUSEUMS AND PUBLIC COLLECTIONS
Schmuckmuseum Pforzheim – Pforzheim (D)

Renzo Pasquale

1947 *Nasce a Padova (I)*
1974 *Consegue la laurea in Scienze Biologiche presso l'Università degli Studi di Padova (I)*
Dal 1971 *Insegna oreficeria presso l'Istituto Statale d'Arte «Pietro Selvatico» di Padova (I)*

PREMI
1979 *Edelsteinpreis, Idar-Oberstein (D)*

MUSEI E COLLEZIONI PUBBLICHE
Schmuckmuseum Pforzheim – Pforzheim (D)

Francesco Pavan

1937 Born in Padova (I)
1955 Takes his diploma at the Istituto Statale d'Arte "Pietro Selvatico" in Padova (I)
1961-99 Teaches jewellery-making at the Istituto Statale d'Arte "Pietro Selvatico" in Padova (I)

AWARDS
1968 Gold Medal, "International Goldsmiths Exhibition", München (D)
1973 Herbert Hofmann Award, München (D)
1985 Herbert Hofmann Award, München (D)
1986 Prize of the "International Jewellery Art Exhibition", 6th Tokyo Triennial, Tokyo (J)
1989 Herbert Hofmann Award, München (D)
2003 Marzee Prize, Nijmegen (NL)

MUSEUMS AND PUBLIC COLLECTIONS
Schmuckmuseum – Pforzheim (D)
Inge Asenbaum Collection – Wien (A)
Danner Stiftung, Pinakothek der Moderne – München (D)
National Museums of Scotland – Edinburgh (GB)
Helen Drutt – Philadelphia (USA)
Landesmuseum Joanneum – Graz (A)
Kunst und Gewerbe Museum – Berlin (D)
Musée des Arts Décoratifs – Paris (F)
Museum of Fine Arts – Houston (USA)

Francesco Pavan

1937 *Nasce a Padova (I)*
1955 *Consegue il diploma presso l'Istituto Statale d'Arte «Pietro Selvatico» di Padova (I)*
1961-99 *Insegna oreficeria presso l'Istituto Statale d'Arte «Pietro Selvatico» di Padova (I)*

PREMI
1968 *Medaglia d'oro, «International Goldsmiths Exhibition», München (D)*
1973 *Premio Herbert Hofmann, München (D)*
1985 *Premio Herbert Hofmann, München (D)*
1986 *Premio della «International Jewellery Art Exhibition», 6th Tokyo Triennial, Tokyo (J)*
1989 *Premio Herbert Hofmann, München (D)*
2003 *Marzee Prize, Nijmegen (NL)*

MUSEI E COLLEZIONI PUBBLICHE
Schmuckmuseum Pforzheim – Pforzheim (D)
Inge Asenbaum Collection – Wien (A)
Danner Stiftung, Pinakothek der Moderne – München (D)
National Museums of Scotland – Edinburgh (GB)
Helen Drutt – Philadelphia (USA)
Landesmuseum Joanneum – Graz (A)
Kunst und Gewerbe Museum – Berlin (D)
Musée des Arts Décoratifs – Paris (F)
Museum of Fine Arts – Houston (USA)

Diego Piazza

1950 Born at Torreglia (Padova) (I)
1970 Takes his diploma at the Istituto Statale d'Arte "Pietro Selvatico" in Padova (I)
1984-95 Teaches jewellery-making and glyptics at the Istituto Statale d'Arte "Pietro Selvatico" in Padova (I)
1995 Dies at Torreglia (Padova) (I)

AWARDS
1970 Gold Medal for experimentation with new forms at the "Mostra Nazionale di Oreficeria" in Vicenza (I)

MUSEUMS AND PUBLIC COLLECTIONS
Victoria & Albert Museum – London (GB)

Diego Piazza

1950 *Nasce a Torreglia (Padova) (I)*
1970 *Consegue il diploma presso l'Istituto Statale d'Arte «Pietro Selvatico» di Padova (I)*
1984-95 *Insegna oreficeria e glittica presso l'Istituto Statale d'Arte «Pietro Selvatico» di Padova (I)*
1995 *Muore a Torreglia (Padova) (I)*

PREMI
1970 *Medaglia d'oro per la realizzazione e sperimentazione di nuove forme alla «Mostra Nazionale di Oreficeria di Vicenza» (I)*

MUSEI E COLLEZIONI PUBBLICHE
Victoria & Albert Museum – London (GB)

Mario Pinton

1919 Born in Padova (I)
1935 Takes his diploma at the Istituto Statale d'Arte "Pietro Selvatico" in Padova (I)
1938 Takes his diploma at the Istituto Statale d'Arte di Venezia (I)
1940 Takes his diploma at the ISIA di Monza (I)
1941 Takes his diploma in the teaching of the craft of jewellery design at the Istituto Statale d'Arte di Venezia (I)
1944 Takes his diploma in sculpture at the Accademia di Belle Arti di Brera in Milano (I)
1944-69 Teaches the craft of metalwork and jewellery-making at the Istituto Statale d'Arte "Pietro Selvatico" in Padova (I)
1969-76 Director of the Istituto Statale d'Arte "Pietro Selvatico" in Padova (I)
1976-83 Director-Coordinator of the ISIA in Urbino (I)
1983-84 Principal of the Istituto Statale d'Arte "M. Fanoli" in Cittadella (I)

AWARDS

1951 Bronze Medal at the IX Triennale di Milano, Milano (I)
1955 First Prize for Jewellery and Second Prize for Silverware at the "Mostra Nazionale dell'Oreficeria di Vicenza", Vicenza (I)
1955 Gold Medal from the Istituto Veneto per il Lavoro, Venezia (I)
1955 His "Referendum" wins the prize for the most elegant form at the "Mostra del Gioiello Firmato", Galleria Montenapoleone, Milano (I)
1957 Gold Medal at the XI Triennale di Milano, Milano (I)
1961 Gold Medal awarded by the Speaker of the Italian Parliament at the Biennale d'Arte di Gubbio, Gubbio (I)
1963 First Prize at the Biennale di Arti Decorative, Venezia (I)
1964 Gold Medal awarded by the State of Bavaria at the International Exhibition "Form und Qualität", München (D)
1965 First Prize awarded by the Ministry of Education in a theme competition restricted to those holding teaching posts, "Mostra Internazionale di Oreficeria", Vicenza (I)
1966 First Prize awarded by the Ministry of Education in a theme competition restricted to those holding teaching posts, "Mostra Internazionale di Oreficeria", Vicenza (I)
1966 Gold Medal for Jewellery-making, Biennale di Venezia, Decorative Arts Section, Venezia (I)
1975 "Goldener Ehrenring", at Hanau (D), with a personal citation from Walter Scheel, President of the German Republic
1976 Herbert Hofmann Award, München (D)
1984 Gold Medal awarded to "Benemeriti della scuola, della cultura e dell'arte", Ministry of Education, Roma (I)

MUSEUMS AND PUBLIC COLLECTIONS

Schmuckmuseum Pforzheim – Pforzheim (D)
Victoria & Albert Museum – London (GB)
Museum für Kunst und Gewerbe – Hamburg (D)
Galleria Internazionale di Arte Moderna Ca' Pesaro – Venezia (I)
Danner Stiftung, Pinakothek der Moderne – München (D)
Musée des Arts Décoratifs – Paris (F)
Museo d'Arte. Arti Applicate e Decorative. Museo Bottacin, Palazzo Zuckermann – Padova (I)
Public Commissions from:
Pres. Cons. Ministri On. Amintore Fanfani, 1962
Pres. della Repubblica On. Antonio Segni, 1963
Pres. della Repubblica On. Giuseppe Saragat, 1966

Mario Pinton

1919 *Nasce a Padova (I)*
1935 *Consegue il diploma presso la Regia Scuola Artistico Industriale «Pietro Selvatico» di Padova (I)*
1938 *Consegue il diploma presso l'Istituto Statale d'Arte di Venezia (I)*
1940 *Consegue il diploma presso l'ISIA di Monza (I)*
1941 *Consegue il diploma di abilitazione all'Insegnamento di oreficeria artistica presso l'Istituto Statale d'Arte di Venezia (I)*
1944 *Consegue il diploma presso l'Accademia di Belle Arti di Brera a Milano, nella sezione di scultura (I)*
1944-69 *Insegna arte dei metalli e dell'oreficeria presso l'Istituto Statale d'Arte «Pietro Selvatico» di Padova (I)*
1969-76 *Direttore dell'Istituto Statale d'Arte «Pietro Selvatico» di Padova (I)*
1976-83 *Direttore-coordinatore dell'ISIA di Urbino (I)*
1983-84 *Preside dell' Istituto Statale d'Arte «M. Fanoli» di Cittadella (I)*

PREMI

1951 *Medaglia di bronzo della IX Triennale di Milano, Milano (I)*
1955 *Primo Premio per l'Oreficeria e Secondo Premio per l'Argenteria alla «Mostra Nazionale dell'Oreficeria di Vicenza», Vicenza (I)*
1955 *Medaglia d'oro dell'Istituto Veneto per il Lavoro, Venezia (I)*
1955 *Premio per la linea più elegante per «Referendum», «Mostra del Gioiello Firmato», Galleria Montenapoleone, Milano (I)*
1957 *Medaglia d'oro della XI Triennale di Milano, Milano (I)*
1961 *Medaglia d'oro della Presidenza della Camera dei Deputati, Biennale d'Arte di Gubbio, Gubbio (I)*
1963 *Primo Premio della Biennale di Arti Decorative, Venezia (I)*
1964 *Medaglia d'oro dello Stato di Baviera, Mostra Internazionale «Form und Qualität», München (D)*
1965 *Primo Premio del Ministero della Pubblica Istruzione, riservato ai docenti per il Concorso a tema, «Mostra Internazionale di Oreficeria», Vicenza (I)*
1966 *Primo Premio del Ministero della Pubblica Istruzione, riservato ai docenti per il Concorso a tema, «Mostra Internazionale di Oreficeria», Vicenza (I)*
1966 *Medaglia d'oro per l'Oreficeria, Biennale di Venezia, Sezione di Arti Decorative, Venezia (I)*
1975 *«Goldener Ehrenring», con encomio personale del Presidente della Germania Walter Scheel, Hanau (D)*
1976 *Premio Herbert Hofmann, München (D)*
1984 *Medaglia d'oro dei «Benemeriti della scuola, della cultura e dell'arte», Ministero della Pubblica Istruzione, Roma (I)*

MUSEI E COLLEZIONI PUBBLICHE
Schmuckmuseum Pforzheim – Pforzheim (D)
Victoria & Albert Museum – London (GB)
Museum für Kunst und Gewerbe – Hamburg (D)
Galleria Internazionale di Arte Moderna Ca' Pesaro – Venezia (I)
Danner Stiftung, Pinakothek der Moderne – München (D)
Musée des Arts Décoratifs – Paris (F)
Museo d'Arte. Arti Applicate e Decorative. Museo Bottacin, Palazzo Zuckermann – Padova (I)
Public Commissions from:
Pres. Cons. Ministri On. Amintore Fanfani, 1962
Pres. della Repubblica On. Antonio Segni, 1963
Pres. della Repubblica On. Giuseppe Saragat, 1966

Piergiuliano Reveane

1943 Born in Venezia (I)
1964 Takes his diploma at the Istituto Statale d'Arte di Venezia (I)
1970 Teaches jewellery-making at the Istituto Statale d'Arte "Pietro Selvatico" in Padova (I)
Since 1980 Teaches jewellery-making at the Istituto Statale d'Arte di Venezia (I)

AWARDS
1964 Second Prize for Decorative Arts, Bevilacqua La Masa, Venezia (I)
1970 First Prize for Decorative Arts, Bevilacqua La Masa, Venezia (I)
1976 Gold Medal, "International Goldsmiths Exhibition", München (D)

MUSEUMS AND PUBLIC COLLECTIONS
Inge Asenbaum Collection – Wien (A)
Museum Boijmans Van Beuningen – Rotterdam (NL)

Piergiuliano Reveane

1943 *Nasce a Venezia (I)*
1964 *Consegue il diploma all'Istituto Statale d'Arte di Venezia (I)*
1970 *Insegna oreficeria presso l'Istituto Statale d'Arte «Pietro Selvatico» di Padova (I)*
Dal 1980 *Insegna oreficeria presso l'Istituto Statale d'Arte di Venezia (I)*

PREMI
1964 *Secondo premio Arte Decorativa, Bevilacqua La Masa, Venezia (I)*
1970 *Primo premio Arte Decorativa, Bevilacqua La Masa, Venezia (I)*
1976 *Medaglia d'oro, «International Goldsmiths Exhibition», München (D)*

MUSEI E COLLEZIONI PUBBLICHE
Inge Asenbaum Collection – Wien (A)
Museum Boijmans Van Beuningen – Rotterdam (NL)

Graziano Visintin

1954 Born at Pernumia (Padova) (I)
1973 Takes his diploma at the Istituto Statale d'Arte "Pietro Selvatico" in Padova (I)
Since 1976 Teaches jewellery-making at the Istituto Statale d'Arte "Pietro Selvatico" in Padova (I)

AWARDS
1973 "Uno a Erre" Award, Arezzo (I)
1983 Second Prize at the "International Jewellery Art Exhibition", 5th Tokyo Triennial, Tokyo (J)
1988 Herbert Hofmann Award, München (D)
1988 Third Prize at "Art + Design", Benson & Hedges Gold, Hamburg (D)
1989 Bayerischer Staatspreis, Internationale Handwerksmesse, München (D)
1990 Honourable citation at "Signaturen", Schwäbisch Gmünd (D)

MUSEUMS AND PUBLIC COLLECTIONS
Schmuckmuseum Pforzheim – Pforzheim (D)
Danner Stiftung, Pinakothek der Moderne – München (D)
Landesmuseum Joanneum – Graz (A)
FNAC - Fonds National d'Art Contemporain – Paris (F)
Hiko Mizuno College – Tokyo (J)
Royal College of Art – London (GB)
Musée des Arts Décoratifs – Paris (F)
Inge Asenbaum Collection – Wien (A)
Collection Marzee – Nijmegen (NL)

Graziano Visintin

1954 *Nasce a Pernumia (Padova) (I)*
1973 *Consegue il diploma presso l'Istituto Statale d'Arte «Pietro Selvatico» di Padova (I)*
Dal 1976 *Insegna oreficeria all'Istituto Statale d'Arte «Pietro Selvatico» di Padova (I)*

PREMI
1973 *Premio «Uno a Erre», Arezzo (I)*
1983 *Secondo premio della «International Jewellery Art Exhibition», The 5th Tokyo Triennial, Tokyo (J)*
1988 *Premio Herbert Hofmann, München (D)*
1988 *Terzo Premio «Art + Design», Benson & Hedges Gold, Hamburg (D)*
1989 *Bayerischer Staatspreis, Internationale Handwerksmesse, München (D)*
1990 *Menzione d'onore «Signaturen», Schwäbisch Gmünd (D)*

MUSEI E COLLEZIONI PUBBLICHE
Schmuckmuseum Pforzheim – Pforzheim (D)
Danner Stiftung, Pinakothek der Moderne – München (D)
Landesmuseum Joanneum – Graz (A)
FNAC - Fonds National d'Art Contemporain – Paris (F)
Hiko Mizuno College – Tokyo (J)
Royal College of Art – London (GB)
Musée des Arts Décoratifs – Paris (F)
Inge Asenbaum Collection – Wien (A)
Collection Marzee – Nijmegen (NL)

Annamaria Zanella

1966 Born at Sant'Angelo di Piove di Sacco (Padova) (I)
1985 Takes her diploma at the Istituto Statale d'Arte "Pietro Selvatico" in Padova (I)
1992 Takes her diploma in sculpture at the Accademia di Belle Arti di Venezia (I)
1987-2000 Teaches metalcraft and jewellery-making at the Istituto Statale d'Arte "Pietro Selvatico" in Padova (I)

AWARDS
1984 De Beers Prize, study grant awarded at the "Diamanti Domani" competition, Stresa (I)
1991 The Fondazione Bevilacqua La Masa Award, Venezia (I)
1997 Herbert Hofmann Award, München (D)
2001 Honourable citation and diploma awarded at The Second Cheongju International Craft Biennale Competition, Cheongju (ROK)
2002 Bayerischer Staatspreis, Internationale Handwerksmesse, München (D)

MUSEUMS AND PUBLIC COLLECTIONS
Museo d'Arte Moderna Ca' Pesaro – Venezia (I)
Musée des Arts Décoratifs – Paris (F)
Landesmuseum Joanneum – Graz (A)
Kunstgewerbemuseum – Berlin (D)
Danner Stiftung, Pinakothek der Moderne – München (D)

Annamaria Zanella

1966 *Nasce a Sant'Angelo di Piove di Sacco (Padova) (I)*
1985 *Consegue il diploma presso l'Istituto Statale d'Arte «Pietro Selvatico» di Padova (I)*
1992 *Consegue il diploma presso l'Accademia di Belle Arti di Venezia, nella sezione di scultura (I)*
1987-2000 *Insegna arte dei metalli e dell'oreficeria presso l'Istituto Statale d'Arte «Pietro Selvatico» di Padova (I)*

PREMI
1984 *Premio De Beers, borsa di studio al concorso «Diamanti Domani», Stresa (I)*
1991 *Premio Fondazione Bevilacqua La Masa, Venezia (I)*
1997 *Premio Herbert Hofmann, München (D)*
2001 *Menzione d'onore e diploma, The Second Cheongju International Craft Biennale Competition, Cheongju (ROK)*
2002 *Bayerischer Staatspreis, Internationale Handwerksmesse, München (D)*

MUSEI E COLLEZIONI PUBBLICHE
Museo d'Arte Moderna Ca' Pesaro – Venezia (I)
Musée des Arts Décoratifs – Paris (F)
Landesmuseum Joanneum – Graz (A)
Kunstgewerbemuseum – Berlin (D)
Danner Stiftung, Pinakothek der Moderne – München (D)

Alberto Zorzi

1958 Born at Santa Giustina in Colle (Padova) (I)
1978 Takes his diploma at the Istituto Statale d'Arte "Pietro Selvatico" in Padova (I)
1983 Graduates in Art History from Padova University (I)
Since 1987 Teaches jewellery-making and the working of gems and semi-precious stones at the Istituto Statale d'Arte "Pietro Selvatico" in Padova (I)
1991-93 Teaches at the Jewellery Department of the Istituto Europeo di Design in Milano (I)
Since 1994 Teaches jewellery design as part of the Culture and Fashion Design degree course at the University in Firenze (I)
1996 Lecture on "Aspects of Experimental Jewellery" at the Istituto Europeo di Design in Milano (I)
Since 1998 Teaches jewellery-making at the Accademia di Belle Arti di Ravenna (I)
1999 Lecture on "Male Jewellery" at the Le Arti Orafe – Jewellery School in Firenze (I)
2000 Lecture on "The City: Florence and New York" at the Le Arti Orafe – Jewellery School in Firenze (I)
2001 Lecture at "The Ring Symposium", Massachussets College of Arts, Cambridge (USA)
2001 Lecture on "The Future of Avant-Garde jewellery on the evidence of the work of International Jewellery Artists" at the Akademie der Bildenden Künste, Nürnberg (D)
2002 Presentation of a course on jewellery, silverware and fashion accessories at the University in Firenze (I)
2002 Lecture on "The trends in contemporary research in jewellery design" at the Istituto Statale d'Arte, Arezzo (I)

AWARDS
1982 First Prize, 1. Preis des Internationalen Wettbewerbs "Die Kette" des Deutschen Goldschmiedehaus und der Gesellschaft für Goldschmiedekunst – Hanau (D)
1993 Design Gallery Award at the Fiera Internazionale del Gioiello, Vicenza Oro I – Vicenza (I)
1993 First Prize in the Italian Goldsmiths' Competition, Design Gallery 1992-93 – Milano (I)
1994 The Belobigung des Deutschen Elfenbeinmuseums Prize, Internationaler Wettbewerb "Schmuckstücke" – Erbach (D)
1997 Prize of the President of the City of Legnica, State Gallery of Art – Legnica (PL)
2003 "Argò 2003" International Award – Roma (I)

MUSEUMS AND PUBLIC COLLECTIONS
Civico Museo Archeologico – Milano (I)
Musée du Design et des Arts Appliqués Contemporains, Mu. Dac. – Lausanne (CH)
American Craft Museum – New York (USA)
Deutsches Goldschmiedehaus – Hanau (D)
Museo Nazionale di Oreficeria Contemporanea – Arezzo (I)
Art Gallery of Western Australia – Perth (AUS)
Landesmuseum Joanneum – Graz (A)
Deutsches Elfenbeinmuseum Erbach – Erbach (D)
Wasserturm Museum – Wesel (D)
Schmuckmuseum Pforzheim – Pforzheim (D)

Museum für Kunsthandwerk – Frankfurt (D)
Wilhelm Müller GMBH & Co. – Schwäbisch Gmünd (D)
Museo di Oreficeria Contemporanea – Sartirana Lomellina Pavia (I)
Museo Comunale dell'Informazione – Senigallia Ancona (I)
State Gallery of Art – Legnica (PL)
Angermuseum – Erfurt (D)
Gesellschaft für Goldschmiedekunst – Hanau (D)
Civica Raccolta del Disegno – Salò (I)
MAK – Österreichisches Museum für angewandte Kunst – Wien (A)
Museum für Kunsthandwerk – Leizpig (D)
Museo d'Arte. Arti Applicate e Decorative. Museo Bottacin, Palazzo Zuckermann – Padova (I)

Alberto Zorzi

1958 *Nasce a Santa Giustina in Colle (Padova) (I)*
1978 *Consegue il diploma presso l'Istituto Statale d'Arte «Pietro Selvatico» di Padova (I)*
1983 *Si laurea in Storia dell'Arte presso l'Università degli Studi di Padova (I)*
Dal 1987 *Insegna arte dell'oreficeria e della lavorazione delle pietre dure e gemme presso l'Istituto Statale d'Arte «Pietro Selvatico» di Padova (I)*
1991-93 *Insegna presso il Dipartimento del gioiello dell'Istituto Europeo di Design di Milano (I)*
Dal 1994 *Insegna Oreficeria nel Corso di laurea in Cultura e Stilismo della Moda della Facoltà di Lettere, Università degli Studi di Firenze (I)*
1996 *Conferenza «Aspetti dell'oreficeria di ricerca», Istituto Europeo di Design di Milano (I)*
Dal 1998 *Insegna oreficeria all'Accademia di Belle Arti di Ravenna (I)*
1999 *Conferenza «Il gioiello maschile», Le Arti Orafe – Jewellery School di Firenze (I)*
2000 *Conferenza «La Città, Firenze-New York», Le Arti Orafe – Jewellery School di Firenze (I)*
2001 *Conferenza «The Ring Symposium», Massachussets College of Arts, Cambridge (USA)*
2001 *Conferenza «Le prospettive dell'oreficeria d'avanguardia attraverso la documentazione di artisti-orafi internazionali», Akademie der Bildenden Künste, Nürnberg (D)*
2002 *Presentazione del corso di oreficeria, argenteria, gioielli e accessori di moda, Facoltà di Lettere, Università degli Studi di Firenze (I)*
2002 *Conferenza «L'oreficeria di ricerca contemporanea. Quali tendenze?», Istituto Statale d'Arte, Arezzo (I)*

PREMI

1982 *Primo premio, 1. Preis des Internationalen Wettbewerbs «Die Kette» des Deutschen Goldschmiedehaus und der Gesellschaft für Goldschmiedekunst – Hanau (D)*
1993 *Premio Design Gallery, Fiera Internazionale del Gioiello, Vicenza Oro I – Vicenza (I)*
1993 *Primo premio del Concorso dell'Orafo Italiano, Design Gallery 1992-93 – Milano (I)*
1994 *Premio Belobigung des Deutschen Elfenbeinmuseums Erbach, Internationaler Wettbewerb «Schmuckstücke» – Erbach (D)*
1997 *Premio del Presidente della Città di Legnica, State Gallery of Art – Legnica (PL)*
2003 *Premio Internazionale Argò 2003 – Roma (I)*

MUSEI E COLLEZIONI PUBBLICHE

Civico Museo Archeologico – Milano (I)
Musée du Design et des Arts Appliqués Contemporains, Mu.Dac. – Lausanne (CH)
American Craft Museum – New York (USA)
Deutsches Goldschmiedehaus – Hanau (D)
Museo Nazionale di Oreficeria Contemporanea – Arezzo (I)
Art Gallery of Western Australia – Perth (AUS)
Landesmuseum Joanneum – Graz (A)
Deutsches Elfenbeinmuseum Erbach – Erbach (D)
Wasserturm Museum – Wesel (D)
Schmuckmuseum Pforzheim – Pforzheim (D)
Museum für Kunsthandwerk – Frankfurt (D)
Wilhelm Müller GMBH & Co. – Schwäbisch Gmünd (D)
Museo di Oreficeria Contemporanea – Sartirana Lomellina Pavia (I)
Museo Comunale dell'Informazione – Senigallia Ancona (I)
State Gallery of Art – Legnica (PL)
Angermuseum – Erfurt (D)
Gesellschaft für Goldschmiedekunst – Hanau (D)
Civica Raccolta del Disegno – Salò (I)
MAK – Österreichisches Museum für angewandte Kunst – Wien (A)
Museum für Kunsthandwerk – Leizpig (D)
Museo d'Arte. Arti Applicate e Decorative. Museo Bottacin, Palazzo Zuckermann – Padova (I)

Bibliography
Bibliografia

Seconda mostra Internazionale delle Arti decorative, catalogo della mostra, Villa Reale di Monza, maggio – ottobre 1925, Milano 1925

M. VALSECCHI, *I gioielli di Masenza*, Milano 1949

G. CARANDENTE (a cura di), *Pietro Consagra*, Palermo 1953

R. ALOI, *Esempi di decorazione moderna di tutto il mondo: gioielli, sbalzi, argenti*, Milano 1954

M. VALSECCHI (a cura di), *"3 P" Giorgio Perfetti, Giò e Arnaldo Pomodoro*, Venezia 1955

A. PICA, *Storia della Triennale. 1918-1957*, Milano 1957

E. CRISPOLTI (a cura di), *Rami e ottoni. 1953-1958*, Roma 1958

G. HUGHES, *Modern Jewelry*, London 1963

L. GAUDENZIO, *L'Istituto d'Arte «Pietro Selvatico» (nel centenario della sua fondazione)*, Padova 1967

N. PONENTE, *I Rassegna del gioiello d'arte firmato*, Torino 1969

C. VIVALDI, *Il gioiello d'arte contemporanea della gioielleria Fumanti*, Perugia 1971

K. HEIGL, *Gold+Silber Schmuck+Gerät von Albrecht Dürer bis zur Gegenwart*, München 1971

G. HUGHES, *The Art of Jewelry*, London 1972

F. TORRINI, L. VINCA MASINI, *Aurea '72*, Firenze 1972

G. MARCHIORI, F. SOLMI, *Aurea '74*, Firenze 1974

I. MUSSA, *Il Gruppo Enne. La situazione dei gruppi in Europa negli anni 60*, Roma 1976

F. TORRINI, C. CHIARELLI, G. LOMBARDI, *Aurea '76*, Firenze 1976

R. TURNER, *Contemporary Jewelry. A Critical Assessment 1945-75*, London 1976

F. FALK (a cura di), *Schmuck '77 – Tendenzen*, Pforzheim 1977

A. ROSA (a cura di), *14ª Biennale Internazionale Piccola Scultura*, Padova 1977

G. GREGORETTI, *I Gioielli*, Milano 1978

H. FRIEDEZ, W. WUNDERLICH (a cura di), *Otto Künzli*, München 1979

H. FRIEDEZ, W. WUNDERLICH (a cura di), *Therese Hilbert*, München 1979

P. C. SANTINI (a cura di), *Progettare con l'oro*, Firenze 1979

E. MAYER, P. SKUBIC (a cura di), *Schmuck International 1900-1980*, Wien 1980

P. BUCARELLI, *Fumanti. Gioielliere in Roma*, Roma 1981

L. OSSI (a cura di), *Goldschmiedekunst. Renzo Pasquale, Francesco Pavan, Diego Piazza, Piergiuliano Reveane, Graziano Visintin*, Padova 1981

G. CARANDENTE, *Nino Franchina*, Roma 1982

W. J. SCHWEIGER, *Wiener Werkstätte. Arte e artigianato a Vienna. 1903-1932*, Milano 1983

F. FALK (a cura di), *10 orafi padovani – Moderne Goldschmiedekunst aus Italien*, Pforzheim 1983

1983 International Jewellery Art Exhibition. The 5th Tokyo Triennial, Tokyo 1983

H. DRUTT (a cura di), *Jewelry International*, New York 1984

F. SOLMI, *L'oro delle Marche*, Fano 1984

T. BERENDS (a cura di), *Nouvelles Images. 25 Jaar*, Den Haag 1985

B. CARTLIDGE, *Twentieth Century Jewellery*, London 1985

E. CRISPOLTI (a cura di), *L'oro della ricerca plastica*, Milano 1985

P. DORMER, R. TURNER, *The new jewelry. Trends + traditions*, London 1985

F. MILESI (a cura di), *Edgardo Mannucci. Ori e sculture*, Fano 1986

G. SEGATO, A. SACCOCCI (a cura di), *14ª Biennale Internazionale del Bronzetto. Piccola Scultura*, Padova 1986

1986 International Jewellery Art Exhibition. The 6th Tokyo Triennial, Tokyo 1986

T. BERENDS (a cura di), *Arte italiana. Aspecten van hedendaagse italiaanse kunst*, Den Haag 1987

E. MARANO, *Per virtù del fuoco. Pittori, scultori e architetti per l'Arte dell'oreficeria*, Roma 1987

V. C.T NOLL, S.Y. LE MIGNOT *(a cura di), Biennale du bijou*, Paris 1987

E. MARANO (a cura di), *Il disegno prezioso. Poetiche arcaiche del segno e della materia nelle progettazioni orafe di Mirko, Afro e Dino Basaldella*, Roma 1987

P. NICKL (a cura di), *Schmuckszene '87*, München 1987

G. SEGATO, L. PUPPI, BR. VOLPE, *L'immaginazione costruttiva Franco Carlassare, Sandra Marconato, Diego Piazza, Renato Vanzelli*, Padova 1987

L. VINCA MASINI, G. CENTRODI (a cura di), *Artisti e disegno nell'oreficeria italiana*, Arezzo 1987

R. e P. HILDENBRAND, *Gioiello. Biennale Svizzera del Gioiello d'Arte Contemporaneo*, Lugano 1988

A. TOMMASINA (a cura di), *Progettisti d'oro. Gold designers*, Vicenza 1988

L. VINCA MASINI, G. CENTRODI (a cura di), *Oro d'Autore. Materiali e progetti per una nuova collezione orafa*, Arezzo 1988

R. WEDEWER (a cura di), *Tragezeichen*, Leverkusen 1988

AAVV, *Giampaolo Babetto*, Fiandre 1989

F. FALK (a cura di), *Ornamenta I – Internationale Schmuckkunst*, München 1989

H. FELDGEN, *Gold: Art + Design. Internationaler Künstlerwettbewerb*, Hamburg 1989

G. FOLCHINI GRASSETTO (a cura di), *Antologia di arte orafa contemporanea*, Roma 1989

MARZEE/MARIE-JOSÉ VAN DEN HOUT, *An Art Collection of Combs*, Nijemegen 1989

E. CRISPOLTI, G. SEGATO (a cura di), *Alberto Zorzi. 1975-1990 Gioielli – Sculture – Disegni*, Limena (Pd) 1990

U. DANIELE (a cura di), *Aura*, Venezia 1990

G. FOLCHINI GRASSETTO (a cura di), *Gioielli e legature. Artisti del XX secolo*, Milano 1990

P. NICKL (a cura di), *Schmuckszene '90*, München 1990

M. PELLETIER, M. LAPORTE (a cura di), *Triennale du bijou 1990*, Paris 1990

A. B. CHADOUR, A. FREISFELD, *SchmuckStücke. Der Impuls der Moderne in Europa*, München 1991

L. E. FRANCALANCI, G. SEGATO (a cura di), *Rarefazioni nell'opera di Paolo Sardina e Graziano Visintin*, Padova 1991

PAUL JOHNSON, *Design 1935-1965. What modern was*, New York 1991

NEW UNOAERRE (a cura di), *Parigi. 1990. La triennale europea del gioiello*, Arezzo 1991

G. DORFLES, G. CENTRODI, C. ROSINI, *Oro d'autore. «Omaggio a Piero»*, Arezzo 1992

M. PELLETIER, Y. LE MIGNOT, C. SAUTTER (a cura di), *IIIème Triennale du bijou*, Paris 1992

G. FOLCHINI GRASSETTO, *La Scuola di Padova*, in «Gioielli Collezione», Milano 1993

P. NICKL (a cura di), *Schmuckszene '93*, München 1993

A. VON GRAEVENITZ, G. STAAL, W. VAN BERGEN, *Broken lines. Emmy van Leersum. 1930-1984*, Amsterdam 1993

W. VAN KRIMPEN, T. METZ, *Facet I. Internationale sieraden-biënnale. International jewellery biennale*, Gent 1993

D. WATKINS, *The best in Contemporary Jewellery*, London 1993

W. ZINKAND (a cura di), *13 Goldschmiede von Amsterdam bis Tokyo*, München 1993

P. NICKL (a cura di), *Schmuckszene '94*, München 1994

S. S. NIGRO, *Pontormo*, Milano 1994

G. CELANT (a cura di), *The Italian Metamorphosis, 1943-1968*, New York 1994

V. BARADEL, L. BAZZANELLA DAL PIAZ, G. FOLCHINI GRASSETTO, E. GUSELLA, A. M. SANDONÀ, G. SEGATO, R. TURNER (a cura di), *Mario Pinton. L'oreficeria*, Padova 1995

G. BRESCIANI ALVAREZ (a cura di), *Metalla. Istruzione arte e cultura nella lavorazione dei metalli*, Piombino Dese 1995

G. BRESCIANI ALVAREZ (a cura di), *Kosmos*, Padova 1995

M. COGAN (a cura di), *Ars ornata europeana*, Bratislava 1995

H. W. DRUTT ENGLISH, P. DORMER, *Jewelry of our Time. Art Ornament and Obsession*, New York 1995

D. PALTERER (a cura di), *Sanvalentinoro*, Firenze 1995

G. CELANT, *Giampaolo Babetto*, Milano 1996

G. FOLCHINI GRASSETTO (a cura di), *Gioielli. Arte programmata e cinetica*, Padova 1996

G. FOLCHINI GRASSETTO, *Il gioiello italiano contemporaneo tra progettualità e sperimentazione tecnica*, in «Grafica e oggetti d'arte. Catalogo dell'arte moltiplicata in Italia», n. 24, Milano 1996

P. NICKL (a cura di), *Schmuckszene '96*, München 1996

R. TURNER, *Jewelry of Europe and America. New times, new thinking*, London 1996

C. G. BARBISIO, F. FALK, P. FOSSATI, C. HOLZACH, *Bruno Martinazzi*, Stuttgart 1997

G. FOLCHINI GRASSETTO, *Testimonianza del risveglio di interesse in Italia per l'oreficeria contemporanea*, in «Grafica e oggetti d'arte. Catalogo dell'arte moltiplicata in Italia», n. 25, Milano 1997

G. FOLCHINI GRASSETTO, S. PAPI, *La Scuola di Padova*, in «Importanti Gioielli», Sotheby's, Milano 1997

W. GUADAGNINI, V. VOLPINI (a cura di), *L'oro di Fano. Edgardo Mannucci e la scuola orafa di Fano*, Fano 1997

G. SEGATO (a cura di), *Diego Piazza. Scultore orafo*, Padova 1997

B. AUTIZI (a cura di), *Le stanze della mente*, Padova 1998

M. DE CERVAL, *Dictionnaire International du Bijou*, Paris 1998

G. FOLCHINI GRASSETTO, A. GAME (a cura di), *British Gold – Italian Gold, Oro Italiano – Oro britannico*, Edinburgh 1998

A. GAME, E. GORING (a cura di), *Jewellery Moves*, National Museums of Scotland, Edinburgh 1998

E. MARKO (a cura di), *Gold aus Padua*, Graz 1998

S. LAMBERT, *The ring. Design, past and present*, Crans-Près-Céligny 1998

I. REALE, *L'oro di Dino. L'opera orafa di Dino Basaldella*, Udine 1998

F. FALK, C. HOLZACH, *Schmuck der Moderne. Modern Jewellery 1960-1998*, Stuttgart 1999

G. FOLCHINI GRASSETTO (a cura di), *Gioielli contemporanei. L'alternativa al prezioso*, Padova 1999

G. SEGATO, *Annamaria Zanella*, Padova 1999

D. WATKINS, *Design Sourcebook. Jewellery by David Watkins*, London 1999

G. FOLCHINI GRASSETTO (a cura di), *Gioielleria contemporanea in Europa*, Padova 2000

S. LAMBERT, *La bague, parcours historique et symbolique*, Paris 2000

L. VINCA MASINI, F. HUFNAGL, *Babetto 1996-2000. Geometrie di gioielli*, Venezia 2000

J. WALGRAVE, *The Ego Adorned. 20th century artists' jewellery*, Antwerpen 2000

E. CRISPOLTI (a cura di), *Immaginazione aurea. Artisti-orafi e orafi artisti in Italia nel secondo Novecento*, Milano 2001

V. W. FEIERABEND, M. MENEGUZZO, *Luce, movimento & programmazione 1958/1968*, Milano 2001

U. ILSE-NEUMAN (a cura di), *Radiant geometries. Fifteen International Jewelers*, American Craft Museum, New York 2001

G. FOLCHINI GRASSETTO (a cura di), *Francesco Pavan Oreficerie 1998-2001*, Padova 2001

O. KÜNZLI (a cura di), *Mikromegas*, München 2001

R. KI-JEONG (a cura di), *The breath of nature, Cheongju international craft biennale 2001*, Cheongju 2001

M. MOSCO (a cura di), *L'arte del gioiello e il gioiello d'artista dal '900 ad oggi*, Firenze 2001

AAVV, *Giampaolo Babetto. Gioielli di cultura*, Siena 2002

E. D'ORSI, E. MARANO, M. VERDONE, *Afro. Le due dimensioni del gioiello*, Vicenza 2002

G. FOLCHINI GRASSETTO (a cura di), *Padova – Vienna. Quattro stazioni. Francesco Pavan, Annamaria Zanella, Helfried Kodré, Peter Skubic*, Padova 2002

P. NICKL (a cura di), *Schmuck 2002 – Internationale Handwerksmesse*, München 2002

G. PARK (a cura di), *Contemporary Metalwork and Jewellery from six countries*, Seoul 2002

WORLD CRAFTS COUNCIL EUROPE, *Masterpieces/Capolavori. L'artista artigiano tra Picasso e Sottsass*, Torino 2002

G. FOLCHINI GRASSETTO (a cura di), *Oreficeria contemporanea. Stefano Marchetti. Mostra antologica*, Padova 2003

R. GRISEBACH, D. BAUMER, I. WAGNER (a cura di), *Babetto Jeweldesign Artlinks*, Italia 2003

C. PHILIPS, *Gioielli. Breve storia dall'antichità a oggi*, Milano 2003

CRAFTS COUNCIL (a cura di), *Collect*, The New Art fair for contemporary objects, London 2004

P. VENTURELLI, *Alfredo Ravasco*, Milano 2004